EL BRILLO DE MIS ALAS

ExLibric

VERÓNICA REYES

EL BRILLO DE MIS ALAS

EXLIBRIC

ANTEQUERA 2026

EL BRILLO DE MIS ALAS
© Verónica Reyes
Diseño de portada: Dpto. de Diseño Gráfico Exlibric

Iª edición

© ExLibric, 2026.

Editado por: ExLibric
c/ Cueva de Viera, 2, Local 3
Centro Negocios CADI
29200 Antequera (Málaga)
Teléfono: 952 70 60 04
Fax: 952 84 55 03
Correo electrónico: exlibric@exlibric.com
Internet: www.exlibric.com

ISBN: 979-13-88079-50-4
Depósito Legal: MA 27-2026

Impresión: PODiPrint
Impreso en Andalucía – España

Nota de la editorial: ExLibric pertenece a Innovación y Cualificación S. L.

VERÓNICA REYES

EL BRILLO DE MIS ALAS

Nota importante

Este libro no sustituye el acompañamiento terapéutico ni pretende ofrecer diagnósticos o tratamientos profesionales. No soy psicóloga ni médica, y lo que aquí comparto parte de mi experiencia personal, de reflexiones propias, de aprendizajes adquiridos a lo largo del tiempo y de información que he investigado por mi cuenta.

Todo lo que encontrarás en estas páginas nace desde un lugar honesto y humano, con la única intención de acompañar, inspirar y tender una mano a quien, como yo, ha atravesado procesos difíciles. Si en algún momento sientes que lo necesitas, te animo a buscar apoyo profesional. Cuidarte también es un acto de amor.

Gracias por estar aquí.

Índice

Agradecimientos

Quiero empezar dando las gracias a mi familia, a mi mamá, a mi papá y a mis hermanos, quienes han sido mi apoyo constante, aunque a veces no haya sido fácil, siempre han estado ahí con amor, paciencia y apoyo incondicional. Sin vosotros, este camino habría sido mucho más duro.

A mis amigos más cercanos, que con su presencia, risas y silencios compartidos me han acompañado en cada paso. Gracias por ser ese refugio seguro, por escucharme sin juzgar, por creer en mí cuando yo misma dudaba.

A todas las personas que, de una forma u otra, han estado presentes en este proceso, apoyándome, inspirándome o enseñándome lecciones valiosas, os llevo en el corazón y os agradezco cada instante.

Y, sobre todo, a mí misma. A esa versión de mí que decidió no rendirse, que se levantó después de cada caída, que se atrevió a mirar hacia dentro y a ser honesta con su verdad. Gracias por la valentía de elegirte, por la paciencia para sanar, por la fuerza para volar.

Este libro es un reflejo de todo eso, y os lo dedico con todo mi cariño.

*A veces hay que romperse
para volver a construir algo más hermoso.*

Prólogo

Esto va para todos aquellos que se han perdido buscando amor, y hoy buscan encontrarse a sí mismos.

Este libro no es solo sobre mí, sino también sobre ti. Si alguna vez te has sentido atrapado en relaciones que te robaron más de lo que te dieron, o has creído que el amor solo se basa en sacrificios, este es un reflejo de lo que has vivido y de lo que también puedes aprender.

Soy alguien que ha aprendido a ver sus cicatrices como parte de su fuerza interior. Durante mucho tiempo, creí que el amor era darlo todo sin esperar nada a cambio, pero lo que me olvidé fue lo más importante: amarme a mí misma. Este libro nace de ese dolor y del despertar que vino después, de las lecciones que la vida me enseñó cuando más lo necesitaba. A través de esta historia, aprendí a poner límites, a no buscar mi valía en otros y a elegir mi bienestar por encima de todo.

Mi intención con este libro es ofrecerte un espacio para que tú también te mires con compasión, para que reconozcas tus propios procesos, tus luchas y tus victorias. Si estás leyendo esto, tal vez estés luchando con una relación que no sabes si es amor o apego, o intentando soltar a alguien que ya te soltó. Si es así, quiero que sepas que no estás solo. Yo estuve ahí y, aunque el camino no fue fácil, descubrí que la sanación comienza cuando dejas de buscar fuera lo que solo tú puedes darte.

El brillo de mis alas es mi forma de contarte cómo pasé de estar rota a reconstruirme. De aprender a volar, después de tantas caídas. Este libro es para ti, para que sepas que sanar es posible, y que tú también puedes volar de nuevo.

Con todo mi amor,

V.

PARTE I

El origen del vuelo

1.

El comienzo del vuelo equivocado

La ilusión, los inicios, el amor desde la inocencia

Nos cruzamos por casualidad, o eso pensaba yo.

El instante en que nuestras miradas se encontraron lo cambió todo. Hubo algo en el aire, una chispa que me atravesó por completo. Sentí una tensión diferente, magnética. Como si algo dentro de mí se hubiera activado de golpe. Como si, sin saber cómo ni por qué, yo ya le conociera de antes. Me dejé llevar por esa conexión y, sin darme cuenta, estaba metida de lleno en una historia que parecía sacada de un sueño.

Me sentía como una niña pequeña a la que le acaban de dar su juguete favorito. Eufórica. Entusiasmada. Todo era emoción, ilusión, adrenalina. Me brillaban los ojos con solo pensar en él. Cada mensaje, cada plan, cada pequeño gesto me hacía flotar. Y pensé: *esta es la historia que siempre he estado esperando.*

Se presentó ante mí como alguien distinto: atento, cariñoso, con una forma especial de mirarme que parecía leerme por dentro. Me hizo sentir única, como si de repente mi mundo se iluminara. Y yo me aferré a eso con todas mis fuerzas. Lo idealicé, sin darme cuenta, lo puse en un pedestal. Vi en él todo lo que había imaginado del amor. Me convencí de que era diferente. Que esta vez sí. Que esta vez sería real.

Todo era tan lineal, tan perfecto... tan aparentemente fácil, que cometí el peor error: dejarme a mí misma a un lado.

Dejé de escucharme. Me enfoqué más en que la relación saliera bien que en si yo estaba bien. Porque sí, entregué todos mis sentimientos sin medida. Y ahora lo veo: no se trata de no amar, sino de no dejar de amarse a uno mismo por amar a alguien más. Ciega, totalmente ciega por amor.

Me olvidé de mis rutinas, de mis amistades, de mis espacios. Lo único que quería era estar con él, a su lado. Me parecía que eso era el amor: estar pegados todo el tiempo, no necesitar más que la presencia del otro. Pero eso no es amor... eso era apego. Y lo supe tarde. Porque si pasaba un día sin verle, algo dentro de mí se revolvía. Me ponía nerviosa, inquieta. Me sentía vacía. Y él también. Nos habíamos convertido en una rutina que no sabíamos romper.

Vivíamos atrapados en un ciclo repetitivo. Cada vez que discutíamos y volvíamos a hablar, todo se desenvolvía igual: mismos temas, mismas promesas rotas, mismos finales.

Nada cambiaba, y esa sensación de estancamiento me desgastaba por dentro, porque yo solo quería estar bien con él y ser feliz, pero repetíamos las mismas conversaciones, en los mismos escenarios, acompañados por los mismos silencios.

Una y otra vez volvíamos al pasado, sacando cosas que prometimos no volver a mencionar, como si escarbar en lo que dolía fuese la única forma de seguir conectados. Y eso nos hacía daño, a los dos.

Pero yo lo aceptaba, porque me daba miedo perderlo. Me daba pánico quedarme sola. Aguantaba, callaba, idealizaba. Y en medio de ese bucle emocional que se repetía una y otra vez, aprendí a silenciar lo que pensaba, a tragarme lo que sentía, a evitar lo que realmente quería decir. Todo para no romper algo que, en el fondo, ya se estaba rompiendo solo.

También recuerdo cómo sacrificaba cualquier cosa por verle. Le buscaba huecos a mi tiempo como si fueran premios. Me dejé muchas amistades atrás y no porque me lo pidiera, sino porque yo lo decidí... decidí priorizarlo por encima de mí, por encima de todo. Y eso, ahora lo sé, fue el principio de mi desconexión conmigo misma.

Él tenía sus días, sus formas, su carácter... A veces era muy cerrado, muy terco. Y cuando discutíamos, sentía que siempre tenía que salir ganando. A veces me daba la razón solo por salir del paso, y otras veces simplemente me hacía sentir pequeña. Yo, por mi parte, prefería guardar silencio. No decía muchas cosas por miedo a que la discusión fuera a más. Me daba miedo que se enfadara y el conflicto, pero más aún me aterraba el vacío de no tenerle. Así que muchas veces opté por callarme, aunque me doliera por dentro.

Luego llegó ese momento que lo cambió todo: un accidente de coche que tuvimos juntos, que no mencionaré demasiado, pero que nos removió a ambos por dentro.

A partir de ahí, las cosas empezaron a cambiar. Aunque ninguno lo dijera en voz alta, ambos lo sabíamos. Algo se había roto.

Dimos muchos «tiempos» después de eso. Días sin vernos que se sentían como meses... días en los que el silencio pesaba, pero ninguno decía nada. Empezaron las discusiones repentinas, sin sentido. Empezó el agobio. Las rutinas. Las dudas. Las culpas, muchas culpas...

Era como un barco que iba navegando bien, pero que de pronto se chocó contra algo invisible... y empezó a hundirse poco a poco.

Yo lo sentía.

Sentía que ya no éramos los mismos. Él ya no era ese chico que conocí. Yo ya no sentía el mismo interés de antes, y a veces me hacía daño sin darse cuenta. Yo sentía que le comían la cabeza, que otras voces hablaban por él y que le llenaban de ideas absurdas. Cosas que nos alejaban aún más. Él se defendía, asegurando que nada había cambiado, pero yo notaba cómo esas voces externas nos iban separando sin que él quisiera verlo.

Yo trataba de entenderle incluso cuando ni él mismo se entendía. Y me perdí en el intento. Y... dejé de ser yo intentando sostener algo que ya no existía. Algo que estaba roto desde dentro. Me dolía ver cómo la llama se iba apagando poco a poco, mientras yo seguía ahí, aferrándome a las cenizas.

Y si pudiera volver atrás... abrazaría a esa yo del pasado muy fuerte. Le diría que no está sola. Que no merece apagarse por nadie. Que no vale la pena perderse por mantener algo que ya no da luz. Le pediría que abra los ojos. Que despierte. Que se mire con amor.

Pero también le diría gracias. Porque gracias a ella, hoy estoy aquí, contando esta historia con el alma abierta...

Si echo la vista atrás, no puedo evitar preguntarme cuándo empecé a olvidarme de mí. No fue de golpe. Fue algo lento, casi invisible. Un pequeño gesto, una decisión mínima, una renuncia silenciosa.

Una por una, fui soltando mis prioridades, mis gustos, mis tiempos. Y lo más triste de todo es que no me di cuenta. Me creí tan fuerte, tan lista... y, sin embargo, me estaba perdiendo.

Gran parte fue por falta de amor propio, y por exceso de ilusión. Por ese deseo tan profundo de que esta vez todo saliera bien.

Vivía pendiente de cada mínimo gesto suyo. De si estaba de buen humor, de si me escribía como antes, de si me miraba con los mismos ojos. Y cuando empezaron a cambiar esas pequeñas cosas, yo no supe qué hacer. Solo me esforzaba más. Como si el problema fuera yo. Como si tuviera que compensar, dar más, hablar menos, ceder todo.

Con el tiempo, el amor dejó de sentirse recíproco. Empezó a pesar. Y no era amor lo que dolía, era la forma en la que lo estaba sosteniendo. Porque el verdadero amor no exige que te abandones. El amor de verdad no te hace sentir que no eres suficiente.

Yo justificaba todo. Sus cambios, sus silencios, sus arranques de mal humor. Me decía a mí misma: «*está cansado*», «*ha tenido un mal día*», «*yo también tengo que ser paciente*». Sabía que no estaba bien, pero prefería justificarlo a perderlo. Pero dentro de mí, algo se movía. Algo me decía que eso no era lo que merecía. Y aun así, me quedaba. No por costumbre, sino porque no sabía cómo irme.

Porque, aunque doliera, esa relación era mi zona conocida. Habíamos construido tantas cosas que solo nosotros entendíamos, tantos pequeños ritos diarios, que desmontarlos me daba vértigo...

Me decía que, si aguantaba un poco más, todo volvería a ser como al principio. Me aferraba a ese primer recuerdo, al brillo de los comienzos, como si eso bastara para justificar todo lo que vino después.

Lo más duro no fue darme cuenta de que él ya no era el mismo. Lo más duro fue ver que yo tampoco lo era.

Había dejado de ser esa chica espontánea, alegre, que reía con ganas, que hacía de absolutamente de todo, ayudaba a los demás, era unida con todos, mi familia, amigos... esa chica fue desapareciendo. Y así, paso a paso, fui haciéndome pequeña.

Hubo días en los que me sentía extraña en mi propio cuerpo. Como si hubiera construido una versión de mí que solo existía para encajar con él. Y eso cansa. Agota. Apaga.

Lo más irónico es que, aunque sentía que ya no quedaba nada real entre nosotros, seguía deseando que él volviera a mirarme como al principio. Seguía esperando una señal, una palabra, un gesto que me devolviera la esperanza. Pero esa señal nunca llegó. O tal vez sí, pero no de la forma en que yo quería.

Y en el fondo, una parte de mí lo sabía. Sabía que estaba mendigando amor en un lugar donde ya no había nada que dar. Que él y yo ya no éramos dos, *éramos el eco de lo que alguna vez fuimos.*

Y duele, duele porque nadie nos enseña a dejar ir porque cuando una historia empieza con tanta ilusión, el final siempre llega como un puñal por la espalda. Pero ahora lo sé, no fui débil, fui humana y amar de esa manera, aunque me rompiera, me enseñó cosas que no hubiera aprendido de otra forma.

Había momentos en los que mi cuerpo hablaba antes que yo. Sentía un nudo constante en el pecho, como si algo dentro de mí supiera la verdad que yo me negaba a aceptar. Mi mente buscaba excusas, pero mi corazón estaba agotado de tanto esperar. Me dolía el alma y ni siquiera sabía cómo explicarlo.

A veces sonreía mientras por dentro me rompía en silencio.

Había días en los que me levantaba con una sensación rara, como si el amor que sentía ya no tuviera el mismo color. Como si algo se hubiera deslavado sin que nadie lo notara. Y, aun así, me ponía mi mejor cara, escribía buenos días como si todo estuviera bien, me esforzaba por mantener esa versión de nosotros que ya sólo vivía en mi cabeza.

Ignoré muchas señales la forma en que dejaba de contestar como antes, las veces que evitaba ciertos temas, sus cambios repentinos de humor, las miradas frías, vacías, casi como si yo ya no le importara tanto, pero yo me negaba.

Me aferraba a las migajas de atención como si fueran banquetes. Y me decía que era solo una mala racha, que todos pasamos por momentos difíciles. Que él me quería, solo que no sabía expresarlo. Que yo debía tener más paciencia, más comprensión.

En el fondo, me mentía porque la verdad era que yo ya lo había perdido, aunque seguía ahí.

Y qué duro es tener que fingir que todo está bien cuando por dentro sientes que todo se derrumba. Y qué duro es amar con tanta fuerza a alguien que ya no sabes si te quiere.

Vivía en un constante conflicto interno. Una parte de mí gritaba que me fuera, que me rescatara de esa historia que ya no me hacía bien.

Y otra, más pequeña pero intensa, me rogaba que esperara un poco más, que tal vez las cosas cambiarían, que todo volvería a ser como antes. Y así me quedaba... entre el autoengaño y el miedo. Tenía miedo de que terminar fuera peor.

Tenía miedo de estar sola. Miedo de sentir que todo ese esfuerzo había sido en vano. Miedo de no encontrar a nadie que me quisiera así, aunque ya no me quisieran bien.

Me di cuenta de que había aprendido a conformarme, a bajar mis estándares y a aceptar excusas como si fueran verdades. A decir «no pasa nada» cuando en realidad sí pasaba... y mucho.

Y ese aprendizaje me dolió más que cualquier final.

Hoy, mirando hacia atrás, comprendo que el problema no era solo él, sino también yo, por no escucharme, por no respetar mis emociones y por no ponerme en primer lugar cuando más lo necesitaba.

No se trata de culparnos, se trata de reconocer, de ver con honestidad lo que permitimos, lo que entregamos, lo que dejamos de ser y lo más triste de todo fue que mientras yo intentaba salvar la relación, me estaba perdiendo a mí, porque no hay peor soledad que la que sientes al lado de alguien que ya no te mira como antes.

No hay mayor tristeza que darte cuenta de que has dejado de ser tú para convertirte en lo que creías que él quería, *pero a veces es necesario romperse para volver a nacer.*

A veces es necesario tocar fondo para aprender a nadar sin depender de nadie. Y aunque en ese momento no lo veía, esa historia no era el final. Era el principio de otra versión de mí, una que aún no conocía, pero que empezaba a despertarse en medio del dolor.

2

El reflejo de mis alas rotas

Cuando empezó a doler, pero no lo quise ver

Había momentos en los que me sentía atrapada en una burbuja invisible. Una burbuja que yo no había creado, pero en la que me encontraba encerrada, rogando silenciosamente que él reaccionara. Que por una vez se pusiera en mi lugar. Que me mirara de verdad, no solo con los ojos, sino con el alma. Que escuchara lo que yo no sabía cómo gritar. Que empatizara conmigo, no por obligación, sino porque le naciera hacerlo. Pero no pasaba. Y ese silencio, ese desinterés disfrazado de rutina, dolía más que cualquier palabra dicha en un mal momento.

Me desgastaba pidiendo algo tan simple como ser vista. No como adorno, no como compañía, sino como persona. Como alguien que también sentía, que también se rompía por dentro mientras intentaba mantener entera la relación. Porque mientras yo me vaciaba tratando de que funcionara, él parecía vivir en un mundo paralelo donde mis emociones apenas eran un eco lejano.

Hubo muchas veces en las que quise hablar con él, sentarnos con calma y decirnos todo con el corazón en la mano. Pero aprendí, a la fuerza, que muchas charlas terminaban desbordándose como una tormenta inesperada. Se convertían en discusiones que herían más de lo que sanaban. Me pasaba que solo quería expresar cómo me sentía y, sin embargo, acabábamos hurgando en el pasado, sacando cosas que se suponía que ya habíamos dejado atrás.

¿Cómo sanar si siempre volvíamos al mismo punto de partida?

Empecé a callarme. A tragarme las palabras, las molestias, los miedos. Y eso también dolía. Pero sentía que era mejor eso que tener que lidiar con una pelea más. Me parecía más seguro el silencio que el conflicto, aunque por dentro me hiciera daño. Porque cada vez que discutíamos, algo en mí se rompía un poco más. Y cada vez que me callaba, algo en mí se perdía.

Después del accidente —ese punto de quiebre que marcó un antes y un después en todo— sentí que estaba recogiendo los pedazos *de lo que alguna vez fuimos*. Como si todo se hubiera hecho trizas de golpe, sin aviso. Yo, en mi intento desesperado de salvar lo que quedaba, me veía intentando pegar cada fragmento, uno por uno, como si así pudiera volver a armar lo que tanto nos costó construir. Pero era inútil. Porque no era solo el accidente lo que nos había roto, ya veníamos desgastándonos desde antes... solo que no lo queríamos ver.

Y, aun así, insistí. A pesar de todo, yo seguía creyendo que tal vez, con amor, paciencia y entrega, él podría volver a ser el que era al principio.

Pero él ya no era ese chico. Ya no me miraba igual. Ya no hablaba con las mismas ganas. A veces parecía que le costaba hasta estar presente.

Otras veces, tenía actitudes que dolían, que me hacían sentir pequeña, ignorada. Y lo peor de todo es que él sabía que me hacía daño, pero no cambiaba. Me decía «poco a poco», como si el tiempo fuera una excusa válida para seguir rompiéndome mientras tanto.

Lo veía confundido, distante, como si ya no supiera quién era ni qué quería. Y entre tanta confusión, me fui quedando sola... aunque todavía estuviera a su lado.

A veces me preguntaba: *¿cómo llegamos a esto? ¿En qué momento se apagó la chispa? ¿Cuándo pasamos de construir algo juntos a sobrevivir día tras día en una rutina vacía?*

Yo ya no quería pelear, ni suplicar, ni demostrar. Solo quería que él me eligiera sin que yo tuviera que pedirlo. Pero no lo hacía.

Y lo más triste es que, aun así, me quedaba. Me quedaba rogando migajas de atención, pequeñas muestras de cariño, como si eso fuera suficiente. Como si no mereciera más. Como si ya no recordara cómo se sentía ser amada sin tener que pedirlo.

No sé en qué momento exacto lo permití. Quizás fue de a poco, tan sutil, que no me di cuenta. Pero llegó un punto en el que empecé a conformarme. A justificar lo que no debía justificar. A normalizar el vacío, el desinterés, las ausencias. Me encontraba diciendo frases como: «Él es así», «Ya cambiará», «Es una etapa». Y esas frases, que intentaban calmar mi angustia, solo la alargaban más.

Me dolía reconocerlo, pero cada vez me sentía menos importante para él... y cada vez me esforzaba más para que me viera. Era un juego injusto, desigual. Mientras yo lo daba todo —mis pensamientos, mis ganas, mi entrega más sincera— él apenas me devolvía lo justo para mantenerme ahí. Y lo peor de todo es que yo lo aceptaba. Porque en el fondo, seguía creyendo que si aguantaba un poco más, todo volvería a ser como al principio. Pero el principio ya no existía. Se había desvanecido.

Llegó un momento en el que entendí que estábamos juntos, pero no unidos. Que compartíamos espacio, pero no presencia. Que lo nuestro ya no tenía magia, ni chispa, ni esa complicidad que alguna vez fue tan nuestra. Todo se volvió automático: las conversaciones, las salidas, los gestos.

Dolorosamente entendí que cuando una persona no es para ti, incluso tú mismo te vas perdiendo entre silencios, ausencias y gestos que duelen más que cualquier verdad...

Cada día se sentía igual al anterior, y aunque yo intentaba ponerle luz, parecía que él estaba cómodo en la sombra.

Y ahí estaba yo... esperando que un «te quiero» llegara sin tener que provocarlo, que un abrazo naciera por impulso, que un gesto de cariño apareciera sin tener que pedirlo. Pero no pasaba. Y cuando no pasa lo más básico, lo más esencial, el alma empieza a apagarse. Te vas sintiendo invisible, pequeña, innecesaria. Como si tu presencia fuera algo más, pero no algo importante.

Muchas veces me miraba al espejo y no me reconocía. *¿Dónde había quedado esa chica con ilusiones, con fuerza, con voz propia? ¿Cuándo había empezado a creer que debía adaptarse a los silencios de otro para sentirse merecedora de amor?*

Yo ya no hablaba de lo que me dolía porque sabía que, si lo hacía, el ambiente se tensaría, y la respuesta sería siempre la misma: evasivas, mal humor o discusiones que terminaban peor de lo que empezaban. Él era consciente de lo que yo necesitaba, pero no hacía nada para darlo. Y aunque me decía que le importaba, sus actos decían otra cosa.

Y así, sin quererlo, me fui acostumbrando al amor a medias. A las palabras vacías. A las promesas que nunca llegaban. A justificar lo injustificable. A sostener una relación donde yo era la única que seguía poniendo el corazón entero.

Cada vez que me sentía sola, cada vez que lloraba en silencio sin que él se diera cuenta, me prometía que algún día me iría.

Que un día no aguantaría más. Pero luego venía una pequeña muestra de cariño, una migaja de atención... *y volvía a caer*. Me aferraba a sus sobras como si fueran tesoros. Porque mi hambre de amor era tan grande, que cualquier gesto mínimo lo convertía en esperanza.

Pero la verdad era que me estaba consumiendo. Que por dentro estaba rota. Que lo que vivía a su lado no era amor real, era dependencia, apego, miedo a soltar lo que tanto había idealizado. Y aunque me costara admitirlo, ya no éramos dos construyendo algo juntos. Yo era la única levantando paredes y él solo pasaba por encima de ellas como si no le importara.

En esa etapa entendí algo muy duro: *que no puedes obligar a alguien a quedarse*. Ni puedes enseñarle a valorarte. Si alguien no te ve, no te escucha, no te siente... no te puedes seguir empeñando en que lo haga. Porque mientras más insistes, más te desgastas. Y cuando eso pasa, ya no es amor. Es sacrificio. Es abandono de ti mismo.

Y yo me había abandonado. A ese nivel.

Había días en los que me sentía atrapada, como si viviera en un espacio cerrado del que no pudiera escapar. No era una burbuja de amor, como había imaginado al principio, sino una burbuja que me ahogaba poco a poco.

Me encontraba en una constante lucha interna, pidiéndole algo tan sencillo como que se pusiera en mi lugar, que me entendiera. Le rogaba, sin darme cuenta de que estaba perdiendo mi propia voz, mi capacidad de expresar lo que realmente necesitaba.

A veces, cuando trataba de hablar sobre lo que me molestaba, lo que me hacía sentir vacía, todo se volvía una pelea. No podía evitar que una conversación sencilla se convirtiera en un conflicto. No podía ponerle freno a la situación, porque todo se transformaba rápidamente, como si las palabras se convirtieran en piedras, y yo no pudiera detenerlas. Lo que era una charla de pareja se convertía en un choque, y después de un choque venía el desgaste emocional.

Sentía que me ahogaba en un mar de malentendidos y falsas promesas. Porque al final, no importaba lo que yo dijera, la respuesta siempre parecía ser la misma: él no me veía. No veía lo que yo necesitaba, ni lo que yo sentía.

Me había volcado tanto en él, en complacerlo, en que se sintiera bien, que dejé de lado mis propios sueños, mis necesidades. Todo lo que era importante para mí pasó a un segundo plano y, aunque lo intentaba ocultar bajo una capa de esperanza, esa capa se fue desgastando, desmoronándose.

Y lo peor de todo era que, aunque lo veía, no podía dejarlo ir. Seguía esperanzada, aferrada a un amor que ya no existía, porque él nunca me había dado lo que realmente necesitaba. Lo más doloroso fue darme cuenta de que era consciente de todo esto, de que sus palabras y promesas no tenían valor, pero aun así seguía ahí, esperando que todo cambiara sin que él hiciera un solo esfuerzo.

Estaba tan atrapada en esa dinámica que me olvidé de mí misma. Cuando finalmente entendí que la relación no iba a mejorar, sentí un peso enorme levantar de mis hombros. Fue como si hubiera estado cargando con una mochila llena de piedras y, de repente, alguien me hubiera ayudado a quitarla. Aunque la tristeza seguía presente, algo dentro de mí había cambiado. Había comenzado a ver lo que realmente importaba, lo que realmente necesitaba.

Lo que seguía pasando, aunque yo no quisiera admitirlo, era que me encontraba cada vez más atrapada en ese círculo vicioso. Me sentía pequeña, insignificante, como si todo lo que le daba, todo lo que me entregaba, no fuera suficiente. Y él, por más que me lo dijera, no me daba las respuestas que necesitaba.

Entendí también que los actos pesan más que mil palabras. Porque alguien puede decirte «te quiero» y, al mismo tiempo, traicionarte. Y eso, por sí solo, lo dice todo.

Y al final la falta de reciprocidad era tan evidente, pero me negaba a verla porque el miedo a perderlo me paralizaba. A veces sentía que estábamos bailando alrededor del mismo fuego, sin atrevernos a darnos la mano por miedo a quemarnos. Pero la verdad era que ambos nos estábamos quemando, sin darnos cuenta.

Al principio, todo parecía que iba a ser perfecto. Ya sabes, esas primeras fases en las que todo es mágico, y el corazón late más rápido con cada mensaje, con cada encuentro.

Pero de pronto, sin previo aviso, los días se convirtieron en una rutina. Cada conversación, cada discusión, parecía repetirse sin cesar, como un ciclo interminable. Había algo en el aire que se volvía denso y cargado de tensión, algo que no sabíamos cómo manejar, pero seguíamos allí, atrapados en nuestras propias expectativas.

Lo peor de todo es que yo misma estaba contribuyendo a esa dinámica. A pesar de mis inseguridades, de mis miedos, me mantenía allí, esperando que algo cambiara. Y en mi intento de mantenerlo cerca, perdí todo lo que realmente importaba: mi paz, mi tiempo y mi bienestar.

Recuerdo que, en esos momentos, cada palabra que salía de su boca parecía más una respuesta vacía que una solución. Me decía que las cosas tomarían su tiempo, que no podía hacer todo de golpe. Pero *¿qué pasa cuando esa «paciencia» se convierte en una excusa constante para no hacer nada?*

Yo le daba tiempo, pero el tiempo no arreglaba lo que ya estaba roto. Seguía pidiendo algo que nunca llegaba, y cuanto más pedía, más vacía me sentía. Era como si estuviéramos viviendo en dos mundos diferentes, con expectativas que no coincidían, y cada vez me costaba más seguir en esa espera.

Después de tantas veces de rogar, de insistir en que las cosas mejoraran, me di cuenta de algo muy doloroso: que estaba mendigando un poquito de su tiempo, un poquito de su atención, mientras él seguía en su mundo sin importarle lo que me pasaba a mí. Ese vacío que sentía en su ausencia no lo podía llenar con palabras bonitas o promesas vacías. Sabía que si no me ponía en primer lugar, si no dejaba de esperar a que él cambiara, nunca encontraría la paz que tanto necesitaba.

La frustración crecía, y aunque me decía a mí misma que todo mejoraría, algo dentro de mí sabía que no era cierto. El amor no es solo paciencia. No es esperar a que alguien se dé cuenta de lo que no está haciendo bien. El amor se construye desde el respeto, desde la reciprocidad, desde el esfuerzo mutuo. Pero cuando uno de los dos está constantemente dando más de lo que recibe, el equilibrio se pierde, y la relación se convierte en una carga, más que en una bendición.

Y entonces, empecé a comprender algo que, hasta ese momento, había sido difícil de aceptar: no puedo seguir esperando algo que nunca llegará. No puedo seguir rogando por lo que no se me da. Había dejado que la relación se convirtiera en una prioridad y me había olvidado de mi propio valor. Había perdido mi lugar en esa historia y lo peor de todo era que, por miedo a hacerlo, había perdido lo más importante: mi independencia, mi fuerza y mi amor propio.

Este fue el momento en el que comprendí que no podía seguir en esa dinámica. No porque no lo quisiera, sino porque me había dado cuenta de que el amor verdadero no se mide por cuánto sacrificamos, sino por cuán equilibrada es la entrega de ambos. Y por más que lo intentara, por más que me aferrara a la esperanza de que las cosas cambiarían, la verdad era que yo ya había dado todo lo que podía dar y, aun así, seguía esperando lo que él no podía darme.

3

Los silencios que me ataron

Lo que callé por amor y me fui apagando

Hubo un momento en el que las palabras se fueron desvaneciendo. Ya no era cuestión de no tener algo que decir, sino de elegir callar, de callar tanto que incluso perdí la voz. Me perdí a mí misma por no querer enfrentar lo que me estaba consumiendo por dentro. Cuando estaba a su lado, sentía que cualquier cosa que dijera podría provocar una grieta mayor en lo que quedaba de nosotros. Era como si cada palabra fuera una piedra más en el camino que ya de por sí estaba roto. Así que prefería callar, seguir adelante, no sacar a la luz las preguntas que me quemaban el alma.

Lo que callé por amor no fue solo silencio, fue una sumisión que no se veía, pero que me estaba matando poco a poco. Cada vez que algo me molestaba, prefería tragarme mi rabia, mi coraje, mi dolor, porque el miedo a perderlo, el miedo a que se desmoronara aún más lo que quedaba, me mantenía en un estado de constante tensión. Cada pelea, cada diferencia de opinión, la veía como una amenaza directa a lo que pensaba que era mi felicidad. El amor me había convertido en alguien que temía hablar, alguien que prefería quedarse quieto y en silencio a arriesgarse a que todo se desplomara aún más.

Recuerdo esas noches de lágrimas ahogadas, el llanto que nadie veía, el que solo yo conocía. El dolor se acumulaba dentro de mí, como una ola que golpea una y otra vez, sin cesar, sin que nadie la detenga. Nadie sabía lo que estaba sintiendo, lo que me estaba destrozando. Intentaba seguir con mi vida, pero algo dentro de mí gritaba, algo pedía salir, algo decía que ya no podía seguir así. Pero no lo hacía.

Me quedaba en mi silencio, arrastrando una carga que ya no sabía cómo manejar. Quería soltar todo lo que guardaba, pero me faltaban las palabras y, sobre todo, el coraje para dejarlo salir.

Había momentos en los que pensaba que ya no podía más. El dolor físico de esas emociones no era solo un peso en el corazón, sino que se sentía en cada rincón de mi ser. Me sentía exhausta, vacía, como si cada día estuviera sacando algo de mí misma sin devolver nada.

La impotencia me envolvía. La rabia me quemaba por dentro, porque sabía que algo no estaba bien, que me estaba perdiendo, pero no podía encontrar una salida. En el fondo, sentía que si hablaba, si decía lo que realmente sentía, perdería lo único que pensaba que tenía.

Las discusiones se convirtieron en algo tan habitual que ya no me sorprendía. Lo que empezó como una diferencia de opiniones se transformaba en una batalla, una guerra interna en la que siempre perdía.

Las mismas frases, los mismos reproches, los mismos miedos. Yo callaba. Me tragaba lo que sentía, una y otra vez, intentando evitar que todo acabara en otra discusión. Pero cuanto más me guardaba, más me dolía. Y al final, de tanto tragarme las palabras, terminé explotando por todo lo que nunca dije.

Cada vez que pensaba que todo se iba a resolver, que por fin se calmarían las aguas, algo nuevo surgía. Y me sentía más perdida, más confundida, más atrapada en un círculo vicioso del que no sabía cómo salir.

Lo peor era que, a pesar de todo, no podía evitar seguir buscando algo en él, algo que me dijera que todo valía la pena, que estábamos bien. No podía dejar de esperar un gesto, una palabra, una pequeña muestra de cariño que me dijera que aún había algo que salvar. Pero eso nunca llegó. Y lo que más me dolía era que, mientras yo callaba por amor, mientras estaba sacrificando mi bienestar emocional, él seguía en su propio mundo, sin ver lo que estaba ocurriendo a mi alrededor.

Con el tiempo, me di cuenta de que estaba atrapada en una relación que solo me estaba desgastando. El amor que había sido mi fuerza comenzó a ser mi debilidad. Me quedaba callada, pero por dentro mi corazón gritaba. No entendía cómo podía estar viviendo algo tan contradictorio: por un lado, el amor me mantenía cerca de él, pero por otro, me alejaba de mí misma. Estaba perdiendo lo más importante de todo: mi propia paz interior.

Hoy veo todo con otra perspectiva. Ahora sé que el amor no debería costar tanto. El amor no debería ser sinónimo de sacrificio constante, de silenciarte para que el otro no se sienta mal. No debería implicar quedarte callada cuando tu corazón está a punto de estallar. Lo que callé por amor me enseñó a no perderme por alguien más, a no renunciar a mí misma por un ideal que no existía, a no callar mi verdad, aunque a veces sea difícil escucharla. Aprendí que el amor comienza en uno mismo, no en el otro.

Al final, el silencio no fue mi salvación, pero el despertar sí lo fue. Aunque el camino fue largo, aunque la confusión y el dolor me acompañaron por un tiempo, hoy sé que aprendí más de lo que pensé que perdería. Aprendí a escucharme, a ponerme en primer lugar, a ser mi propia voz cuando nadie más la alzaba. Y aunque el silencio me había atrapado por tanto tiempo, ahora sé que la verdad tiene un poder que no puede ser callado.

Pero el miedo a que si decía lo que sentía, las palabras pudieran romper algo que ya estaba a punto de caerse. Me preguntaba si valía la pena hablar, si era correcto hablar cuando el silencio se había convertido en una forma de protección, aunque esa protección me estuviera ahogando.

Pero *¿cómo decirle lo que necesitaba cuando ni yo misma sabía cómo poner en palabras lo que estaba viviendo? ¿Cómo enfrentarme a él cuando, en mi interior, estaba tan confundida que ni siquiera podía entender mis propios sentimientos?*

Pero también recuerdo la sensación de estar atrapada en una rutina que no sabía cómo romper, en la que todo lo que hacía, todo lo que decía, parecía ser parte de un guion que no escribí, pero que estaba interpretando a la perfección. A medida que las semanas pasaban, esa rutina se fue convirtiendo en una jaula invisible.

Pero hubo un momento, quizás uno tan pequeño y sutil como una ráfaga de viento, en el que me di cuenta de que algo había cambiado. Dejé de ser la que callaba por miedo a perderlo, y empecé a ser la que callaba porque no quería seguir perdiéndome a mí misma. Ahí fue cuando la verdad comenzó a romper mi silencio. No de golpe, ni con furia, sino con la calma de quien finalmente se permite ser escuchada, aunque sea por su propio corazón.

El proceso de sanar comenzó cuando entendí que había sido demasiado generosa conmigo misma al quedarme en silencio.

Había sido mi propia carcelera, construyendo una prisión de palabras no dichas, de emociones no expresadas. Pero, aunque el camino fuera largo, aunque el proceso estuviera lleno de dolor y dudas, la liberación que vino después de esa toma de conciencia fue lo que me permitió comenzar de nuevo.

Ya no podía seguir callando lo que necesitaba decir, no podía seguir reprimiendo mis emociones por no perder algo que, en realidad, ya se había perdido mucho antes. El amor no debía sentirse como un sacrificio constante, no debía costarme tanto quedarme en silencio. Y aunque la incertidumbre seguía acechando en cada paso, sabía que lo peor ya había pasado: había comenzado a encontrar mi voz.

Ahora, con el tiempo y con todo lo que aprendí, puedo ver lo que callé por amor desde otro ángulo. Ya no me arrepiento de haber guardado ciertas cosas, porque sé que no era el momento adecuado para decirlas. Pero también sé que el verdadero amor comienza cuando te permites ser tú mismo, sin miedo a que te juzguen, sin miedo a que te dejen ir.

Hoy puedo decir que lo que callé por amor también me enseñó a no seguir perdiéndome, a no seguir callando lo que mi alma necesitaba gritar. Y aunque ese silencio me acompañó por mucho tiempo, ahora lo comprendo como una etapa que me ayudó a encontrar la fuerza de hablar mi verdad.

Me miraba a mí misma en el espejo y no veía la persona que había sido antes. Había dejado de ser yo para convertirme en una versión diluida, una versión que intentaba encajar con algo que no se podía moldear. Me convertí en una espectadora de mi propia vida, viendo cómo las piezas de lo que fue nuestra relación caían una a una, sin poder hacer nada para detenerlo.

Y, aun así, había algo dentro de mí que seguía luchando, que no quería rendirse.

El dolor de vivir en una mentira silenciosa, de ser parte de una historia que ya no era mía, era cada vez más insoportable. Y, en algún momento, entendí que lo que callé por amor no era solo una falta de comunicación, sino una forma de autodestrucción, de seguir en algo que me desgastaba sin ningún propósito.

El despertar vino cuando me di cuenta de que ya no me reconocía. La mujer que había sido, la que estaba dispuesta a luchar, a darlo todo por amor, se estaba perdiendo en un mar de inseguridades, de dudas y de silencio. Había olvidado lo que significaba ser feliz por mí misma, lo que significaba ser completa sin necesidad de estar con alguien para sentirme validada. Y aunque ese despertar fue doloroso, fue necesario. Fue lo que me permitió empezar a sanar, a liberar todo lo que había guardado dentro de mí.

Fue entonces cuando entendí que el amor no debía ser un sacrificio constante, que el amor no debía hacerme sentir vacía ni rota. El verdadero amor comenzaba por mí misma, por aprender a ponerme en primer lugar, por aprender a ser honesta conmigo y con mis sentimientos. Y aunque el proceso de soltar lo que callé fue doloroso, también fue liberador.

En ese proceso de despertar, me enfrenté a una verdad que nunca había querido ver. Aunque pensaba que estaba luchando por lo que una vez fue una relación hermosa, en realidad, estaba luchando contra mí misma, contra lo que había permitido, contra lo que había dejado de ser por intentar encajar en un molde que no era el mío. Me había perdido en el amor, sí, pero también me había perdido en la desesperación de no querer soltar algo que ya no me estaba dando lo que necesitaba.

El proceso fue largo y, en muchos momentos, me sentí completamente perdida. Había momentos en los que pensaba que no podía seguir adelante, que quizás había arruinado algo que merecía ser diferente. Pero poco a poco, el dolor empezó a enseñarme algo que no había comprendido antes: que no podía seguir culpándome por lo que había permitido, que no podía seguir dándole a la culpa el poder de gobernar mis decisiones.

La culpa no me iba a sanar, y lo que había hecho en el pasado ya no podía cambiarse, pero sí podía cambiar cómo me veía a mí misma, cómo entendía mi valor. Al principio, fue un proceso de enfrentamiento conmigo misma. En cada recuerdo, en cada momento que compartimos, en cada discusión que se desbordó, me vi reflejada en las decisiones que tomé.

A veces no entendía por qué había hecho ciertas cosas, por qué había callado, por qué había permitido que todo llegara a ese punto. Pero entendí que esas decisiones formaban parte de mi aprendizaje, que sin esos errores, sin esas heridas, no hubiera sido capaz de ver la mujer fuerte que realmente soy hoy.

Pasaron días, semanas, y en cada uno de esos momentos de introspección, mi corazón empezó a sanar. No fue una sanación rápida ni fácil, fue un proceso doloroso que me llevó a mirarme al espejo sin filtros, sin excusas, sin buscar culpables. La culpa no me iba a liberar; solo la aceptación de que todo lo que viví me llevó hasta este punto de mi vida.

Cada vez que pensaba en lo que había sido nuestra relación, en todo lo que callé, me daban ganas de llorar. Lloraba por la niña que fui, por la mujer que no sabía poner límites, por la que creía que lo suficiente no era suficiente. Lloraba porque entendía que el amor no debía doler de esa manera, que no debía requerir que me liberara de todo lo que era para poder seguir adelante. Pero esos llantos, aunque dolorosos, fueron liberadores. Fueron una señal de que estaba comenzando a soltar lo que me pesaba.

El proceso de sanar no fue lineal. Había días en los que sentía que ya había superado todo y al siguiente me encontraba recordando algún detalle que me hacía revivir la angustia. Pero, poco a poco, esos momentos se hicieron más cortos, más distantes, y empecé a sentir que mi alma respiraba con más libertad. Aprendí a ponerme a mí misma como prioridad, a no quedarme en situaciones que no me hacían bien. Aprendí a reconocer mis propios valores, a ver que mi vida no dependía de lo que otro decidiera por mí, sino de las decisiones que yo misma tomara.

Hoy, miro hacia atrás y veo todo lo que permití, todo lo que silencié por miedo a perderlo, por miedo a estar sola, por miedo a no ser suficiente. Y aunque me duele recordar cómo fui capaz de sacrificar mi paz, ahora me siento orgullosa de todo lo que he aprendido. He aprendido que el amor más importante es el que me tengo a mí misma, y ese amor nunca se puede perder, porque depende de mí, no de las circunstancias ni de las personas que estén a mi alrededor.

Ahora sé que el dolor que experimenté me permitió encontrarme nuevamente. Y, aunque no cambiaría lo que viví, porque me llevó hasta donde estoy ahora, también sé que ese dolor fue una de las lecciones más valiosas que pude haber recibido. Me enseñó a ser fuerte, a reconocer mi valor y, lo más importante, a nunca más permitir que algo o alguien me haga sentir que no soy suficiente.

4

El instante donde todo se quebró

La ruptura, la decisión que lo cambió todo

Hubo un momento, casi imperceptible, en que todo cambió. No fue un grito, ni una despedida con portazo. Fue un silencio que pesaba más que cualquier discusión. Un vacío que comenzó a crecer entre los dos, lento pero imparable. Como si algo se hubiese soltado dentro, sin darnos cuenta. Como si el amor, ese que parecía tan fuerte, hubiera empezado a resquebrajarse sin aviso, sin promesa de reconstrucción.

La presión, los tiempos que nos dábamos, los días eternos sin hablarnos... todo eso nos iba desgastando. El estrés se acumulaba como polvo en cada rincón de la relación, y nosotros, sin saber cómo sacudirlo. Fingíamos estar bien, pero la tensión era palpable, se notaba en la forma en que evitábamos mirarnos a los ojos, en las respuestas cortas, en el cansancio emocional que se apoderó de cada gesto. Él no quería romper el vínculo. Eso lo sé. Lo notaba en su forma de agarrarse a los recuerdos, de mantener ese hilo invisible que nos unía. Pero lo nuestro ya no era vida, era un hilo que asfixiaba. Y aunque él no se atrevía a soltarlo, yo sí. Tuve que ser valiente. Tuve que hacerlo por mí. Porque seguir así era arrastrar un dolor que ya no tenía sentido. Y cuando tomé la decisión, supe que no habría vuelta atrás.

Lo corté de raíz. Sin pausas, sin «por si acaso», sin buscar excusas. Un corte limpio, aunque sangrara por dentro. El contacto cero fue una forma de protegerme, de dejar de vivir a medias. Ya no quería una relación a trozos, llena de silencios incómodos y rutinas vacías. Quería paz. Aunque doliera, aunque me temblara todo el cuerpo, aunque sintiera que me estaba dejando un pedazo de alma.

Y, en ese momento, ya no hablaba el corazón. Hablaba la mente. Como si mi corazón se hubiera apagado de tanto doler. Como si mi cuerpo, por fin, se rebelara y dijera «basta». Ya no lloraba como antes, ya no sentía esa desesperación de perderlo. Era una calma extraña, como cuando termina una tormenta. El aire seguía húmedo, pero al menos dejaba de llover.

No sé en qué momento exacto me transformé, pero fue en ese cierre donde me di cuenta de que ya no era la misma. Ya no era esa niña que se aferraba con miedo a lo que se estaba rompiendo. Ya no era la que se callaba para no incomodar, la que justificaba lo injustificable, la que se arrastraba por migajas. Era otra. Una que no sabía bien cómo iba a reconstruirse, pero que al menos ya no quería seguir destruyéndose por amor.

Nuestra historia ya no era la misma. Lo supe antes de aceptarlo, lo sentí mucho antes de atreverme a decirlo en voz alta. Ya no era ese amor lleno de luz que alguna vez construimos juntos. Ya no era ese campo de flores que solíamos regar con ilusiones, con promesas de «para siempre» y con ganas de cuidarnos el uno al otro. Ahora todo estaba marchito. Las flores se habían secado, el color se había ido… y lo que quedó fue un jardín lleno de espinas que dolían al caminarlo.

Mi chico… *ya no era mi chico.*

Se había convertido en alguien que me miraba sin verme, que me escuchaba sin oírme, que me abrazaba sin abrigarme. Y lo peor de todo es que yo también dejé de reconocerme. Me convertí en una versión tan distinta de mí, que a veces ni siquiera me encontraba.

Él ya no era el mismo y yo tampoco. Y aunque duele reconocerlo, ya no pertenecíamos al mismo lugar. Él ya no caminaba conmigo, caminaba por su lado, y yo por el mío. Fue un golpe muy fuerte para ambos el día que todo se fue, el día en el que nuestras almas tuvieron que separarse y el día en el que esa conexión tan fuerte que teníamos se rompió...

Y ahí entendí que no todo lo que se rompe se puede arreglar. Que hay cosas que, aunque duelan, hay que soltar. Porque quedarse aferrado a lo que fue solo retrasa lo que uno puede llegar a ser. Y yo ya no quería seguir viviendo en los restos de algo que se había ido. Aprendí tanto cuando decidí soltar... que ahora entiendo por qué tenía que pasar así.

Entendí que cuando tú no te priorizas, nadie lo hace por ti. Que si no eres tú quien pone límites, el mundo los cruza una y otra vez sin pedir permiso. Que no puedo esperar que me salven cuando yo misma no me estaba cuidando. Aprendí a dejar de aguantar lo inaguantable, a dejar de quedarme donde ya no había amor sano, y mucho menos paz.

Comprendí que el amor no se ruega. Que quien te quiere, te cuida incluso en tus peores días. Que quien de verdad está contigo, se queda hasta en tus silencios, incluso cuando ni tú sabes qué necesitas. Que no hay que forzar lo que fluye cuando es real. Y que, por más que duela, hay personas que solo llegan para enseñarte lo que no mereces.

Me tomó tiempo, pero empecé a amarme con más fuerza. A quererme tanto que ya no quería volver a perderme por nadie. Me cansé de ponerme en segundo plano, de callar lo que sentía, de andar con miedo a molestar o incomodar por ser como soy. Y cuando al fin dejé de hacer todo eso, empecé a sentirme libre. Ligera. Capaz.

Fui valiente por terminar lo que me estaba destruyendo. Porque sí, dolió, pero fue el tipo de dolor que despierta. Que sacude el alma. Que te obliga a mirarte por dentro y preguntarte: *¿hasta cuándo vas a dejar de ser tú para no perder a los demás?*

Ese golpe de realidad, esa ruptura, fue lo que me hizo volver a mí. Lo agradezco. Agradezco cada error, cada día que lloré sin entender por qué. Porque sin todo eso, no sería quien soy hoy. Porque ahora sé que no estoy dispuesta a conformarme con migajas, que merezco un amor que no me haga dudar de mí, un amor sin miedo.

Y ahora... ese amor empieza conmigo.

Pero no fue solo el final de una relación, fue el fin de un ciclo dentro de mí. Aprendí que el amor no siempre salva, y que a veces, el acto más valiente es soltar lo que duele para dar espacio a lo que puede sanar.

Al principio, la soledad me asustó. Me costó entender que ese silencio, que parecía un abismo, era en realidad un espacio para reencontrarme conmigo misma. Fue ahí donde comencé a escuchar mi voz, esa que había estado ahogada por tanto tiempo bajo las expectativas, los miedos y las promesas rotas. Descubrí que tenía cosas que decirme, cosas que quería hacer y, sobre todo, que merecía ser feliz sin depender de nadie.

Cada día que pasaba sin él era un pequeño triunfo. Un recordatorio de que podía estar bien, sola, sin necesidad de alguien que me mirara con indiferencia o que me hiciera sentir invisible. Me di cuenta de que el amor propio no es egoísmo, sino una fuerza poderosa que construye desde adentro hacia afuera. *Que amarse a uno mismo es la base para cualquier otra historia que quiera vivir.*

Y entonces empecé a transformar ese dolor en aprendizaje. En vez de cargarlo como una cruz, decidí usarlo como impulso para crecer. Para dejar de buscar afuera lo que siempre estuvo dentro. Para levantarme cada vez que sentía que caía, aunque doliera. Para reconocer que estaba haciendo lo mejor que podía, en un camino que no siempre es lineal ni perfecto.

La transformación no fue instantánea. Fue un proceso lento, lleno de dudas, de días buenos y otros no tanto. De momentos en los que quería rendirme y otros en los que sentía que podía con todo el mundo. Pero cada paso que daba me acercaba más a la persona que hoy soy: una mujer que sabe lo que vale, que se respeta y que ya no teme poner límites.

Porque elegir amarme primero fue la decisión más radical que tomé. Fue decidir que no soy el remiendo de nadie, ni la sombra de un amor que se apagó. Que puedo construir mi felicidad sin esperar permiso. Que puedo volar, aunque a veces tenga miedo, aunque tenga que hacerlo con las alas aún heridas.

Y en ese vuelo, aprendí a mirar el pasado sin rencor, a perdonarme por las veces que me callé, por las veces que me conformé, por las veces que creí que el amor era sinónimo de sufrimiento. Aprendí a agradecerme por haber tenido la valentía de decir «basta», de romper esa burbuja, aunque doliera, porque solo así pude abrir mis alas y descubrir que estaba lista para ser libre.

Ahora sé que la transformación que nació del dolor es también la semilla de una nueva vida, una vida en la que yo soy la protagonista, la que escribe su propia historia sin miedo ni culpa. Y que esa historia merece ser contada, porque es la historia de una mujer que se atrevió a elegirse a sí misma.

Y ahora... ese amor empieza conmigo.

Porque entender eso fue mi primer acto de revolución interna. Dejar de esperar que alguien más me completara o me salvara, para tomar las riendas y ser mi propia heroína. También aprendí que pedir ayuda cuando te estás ahogando no es malo. Aprendí que la gran enseñanza de uno mismo es la base de las veces que nos hemos caído y aprendido.

Hubo días en que la tristeza quiso arrastrarme, en que el miedo a la soledad golpeó fuerte y pensé que no podría seguir sin esa persona a mi lado. Pero entonces recordaba que cada lágrima derramada era un ladrillo más para construir mi fortaleza, que cada noche oscura era el preludio de un amanecer distinto.

Comencé a valorarme en pequeños detalles: en escuchar mi cuerpo cuando pedía descanso, en decir «no» cuando algo me lastimaba, en permitirme sentir sin juzgarme. Fue así como poco a poco mi interior se fue llenando de una paz que no esperaba encontrar tan rápido.

Y aprendí también a perdonarme. Porque durante mucho tiempo me culpé por haber permitido que las cosas llegaran hasta ese punto, por no haber dicho antes lo que sentía, por no haber puesto límites con firmeza. Pero entendí que ese camino era parte de mi aprendizaje, que no hay errores, solo lecciones que nos hacen crecer.

Descubrí que transformarse duele, que soltar no es sinónimo de debilidad, sino de valentía. Que romper con el pasado, con las personas y las versiones de mí misma que ya no me servían, era el paso necesario para renacer.

Ahora sé que puedo ser luz en mis días oscuros, que puedo elegir caminos distintos sin miedo a equivocarme. Que merezco un amor que me eleve y que me respete, pero que, sobre todo, merezco la paz que nace cuando uno se mira al espejo y se reconoce.

Esta transformación fue un renacer. Una metamorfosis que, aunque tuvo su dolor, fue el regalo más grande que me dio esa historia rota. Porque ahora puedo volar con alas nuevas, un poco heridas, sí, pero mucho más fuertes y libres.

Y a ti, pequeño lector, te digo: no temas romper para volver a crecer. No temas sentir, caer y levantarte mil veces. Que cada paso que das hacia ti mismo es el camino más valiente que existe.

Porque, al final, el amor que siempre estuvo esperando no vino de fuera... sino de dentro.

5

La transformación que nació del dolor

Cuando elegí enfrentarme a mí misma y empezar de nuevo

Hubo un momento en que me sentí como dos personas al mismo tiempo: una que aún lloraba por lo perdido, y otra que ya no quería volver atrás. Era como estar en medio de un puente colgante, con el pasado tirando fuerte desde un lado, y una versión nueva de mí llamándome desde el otro. Pero ese puente no se cruzaba sin miedo. No se cruzaba sin romperse un poco más.

La verdad es que me costó soltar mi antigua versión. Me costó decir adiós a esa «yo» que siempre quería encajar, que callaba cuando algo dolía, que creía que amar era aguantarlo todo. Me había acostumbrado tanto a no elegirme, que empezar a hacerlo fue casi como aprender a caminar desde cero. Me dolía cada paso, cada decisión que implicaba dejar de pedir permiso para ser yo.

Pero hubo una chispa, algo que encendió dentro de mí la necesidad de cambiar. No fue de golpe. Fue más bien una acumulación de momentos: un «estoy cansada», un «ya no puedo más», un *«¿por qué me abandono yo para que no me abandone otro?»*. Y entonces, sin saber cómo, supe que, si seguía así, me iba a perder para siempre.

Así que empecé. A mi ritmo, con miedo, con dudas, pero empecé. Me miré al espejo y ya no quise verme triste. Quise verme fuerte. Quise verme libre y feliz. Y aunque al principio no me creí capaz, aunque me temblaron las manos y se me quebraba la voz cada vez que decía lo que sentía... algo dentro de mí se estaba despertando.

Me dije: «ya no quiero cargar con una historia que me pesa más de lo que me enseña». Porque entendí que el dolor también tiene fecha de caducidad, que uno no puede vivir eternamente en duelo por lo que no funcionó. Y entonces dejé de ser esa versión que se adaptaba, que se moldeaba, que se perdía por intentar encajar en un amor que ya no era hogar.

Hubo un momento, en medio de todo este proceso, en el que me senté conmigo misma y me pregunté con total sinceridad: *¿qué estoy dispuesta a permitir de ahora en adelante?* Y por primera vez, no respondí desde la necesidad ni desde la carencia. Respondí desde la claridad que da el dolor bien vivido.

Merezco una presencia real, no a alguien que esté cuando le conviene. Merezco palabras que se sientan, no promesas vacías ni discursos bonitos sin acciones detrás. Merezco que me miren con los ojos del alma, con ternura, con verdad. Merezco amor del que sostiene, del que impulsa, del que no duele más de lo que sana.

Ya no me conformo con amores a medias, ni con vínculos que me exijan achicarme para caber. No quiero volver a estar en un lugar donde tenga que explicarle a alguien por qué lo que siento también importa. No voy a pedir espacio, atención o comprensión como si fuera un favor. El amor no debería ser una batalla constante.

Y no, no hablo de un amor perfecto. Hablo de uno sincero, uno que no me haga dudar de mi valor, uno en el que no tenga que esconder mi luz para que el otro no se incomode. Porque si tengo que apagarme para ser aceptada, entonces ese no es mi lugar.

Aprendí a decir «esto no me sirve», sin sentir culpa. A marcharme sin escándalos, pero con dignidad. A ver las señales y no negarlas. A soltar lo que no suma. No por frialdad, sino por respeto a mi proceso. Porque ya no quiero seguir estirando vínculos que ya cumplieron su tiempo solo por miedo a quedarme sola.

Y entonces empecé a sostenerme. A veces, temblando, a veces, sin saber cómo. Pero empecé. Lo que antes buscaba en otros, ahora intentaba dármelo a mí: presencia, escucha, paciencia. Ya no tenía a quien recurrir como antes, pero me fui convirtiendo en la persona que necesitaba. La que no se burlaba de sus emociones, la que no se exigía estar bien cuando no lo estaba. Y eso, aunque dolía, también liberaba.

Tuve que aprender a convivir con silencios que antes llenaba con excusas. Con los vacíos que dejaban las personas a las que por fin dejé de correr detrás. Había espacios que antes dolían, pero que luego se fueron convirtiendo en lugar para mí. Para redescubrirme, para ver qué había más allá del dolor. Porque había algo. Siempre lo hubo. Solo que yo no me había detenido a verlo.

Me volví más observadora. Empecé a notar lo que antes pasaba desapercibido: cómo me hablaba, cómo me miraba, cómo me trataba en los días en los que no me sentía suficiente. Y entendí que la transformación real no venía con grandes gestos, sino con pequeñas decisiones cotidianas. Como no responder a un mensaje que sé que me va a romper, como no volver a los lugares donde me perdí. Como no justificar lo que ya no tiene justificación.

Y claro que tuve recaídas. Días en los que me cuestionaba todo. Momentos en los que me sorprendía a mí misma buscándolo en canciones, en sueños, en esquinas de la ciudad. Pero ya no me juzgaba por ello. Aprendí que sanar no es una línea recta. Que uno puede estar avanzando, aunque a veces mire atrás. Que mirar atrás no significa querer volver, sino confirmar que ya no es ahí.

A veces mi herida se abría cuando menos lo esperaba: en medio de una película, en una conversación ajena, en una frase lanzada al aire. Pero ya no me daba miedo llorar. Llorar se volvió parte de mi camino. Porque cada lágrima me acercaba a un entendimiento. Cada llanto que no evité me mostró que no me había abandonado. Que esta vez me estaba quedando conmigo.

La transformación de verdad no llegó el día que dije «ya no me duele», sino el día que, aun doliendo, decidí no volver a elegir desde la herida. Ese fue el verdadero renacer: cuando dejé de suplicar amor en nombre del miedo y empecé a caminar desde la dignidad. Cuando, por primera vez, empecé a preguntarme qué necesitaba yo... no qué necesitaban los demás de mí.

Y fue ahí, en ese punto exacto de quiebre, donde empecé a construir algo nuevo. Algo que no se trataba de demostrar nada, ni de volver más fuerte, ni de dejar de sentir. No. Lo nuevo tenía que ver con la honestidad. Con la coherencia. Con vivir desde dentro hacia fuera y no al revés. Y me prometí no volver a fingir una fortaleza que me rompe por dentro. Porque soy fuerte, sí. Pero también sensible. También humana. También agotada de tantas guerras internas.

La soledad, esa que tanto temía, se volvió mi maestra. En el silencio aprendí a escuchar lo que antes no quería oír: que muchas veces elegí desde la carencia. Que confundí intensidad con amor. Que toleré faltas de respeto por miedo a quedarme sin nadie. Y no me juzgo por eso. Era lo que conocía. Era lo que podía hacer con el amor propio que tenía en ese momento. Pero ahora ya no.

Y sí, también tuve que alejarme de personas. No basta con cambiar lo que te dices si sigues rodeado de quien te hace dudar de tu valor. A veces, amarte implica irte. Cortar. Alejarte incluso de quien quieres, si no te hace bien. No es egoísmo, es madurez. Es entender que no estás obligado a quedarte donde ya no hay respeto, donde solo te reconocen cuando estás roto.

Hay entornos que desgastan. Hay vínculos que solo funcionan si tú dejas de ser tú. Y eso no es amor, ni amistad, ni familia: eso es *desgaste emocional*. Y quedarse ahí, esperando que cambien, solo te arrastra. Lo más valiente que hice fue irme de donde no me veían, aunque me doliera. Lo más sano fue dejar de justificar lo que me hería solo por no estar sola.

Porque sí, me dolió. Pero quedarme me habría costado más: me habría costado a mí misma. Y ya no estoy dispuesta a pagar ese precio.

Sé que aún hay partes de mí que sanan a cámara lenta. Rincones que aún esperan acciones que nunca llegaron. Pero ya no lo vivo desde la desesperación o la decepción. Lo vivo como parte del camino. Porque cada herida que miro con amor, se vuelve un recordatorio: ya no soy la misma. He cambiado. Estoy cambiando.

Y no te voy a mentir: hubo días en los que sentí que no avanzaba nada. Como si por mucho que intentara sanar, todo volvía a doler. A veces me preguntaba si valía la pena todo ese esfuerzo. Si realmente iba a salir de ahí o si simplemente estaba fingiendo que podía con todo. Había días en los que me levantaba con ganas de volver a dormirme para no sentir. En los que no entendía cómo podía pasar tan rápido de estar en paz a romperme por dentro otra vez.

Pero también aprendí que no todo avance es visible. Que sanar no siempre se nota por fuera. A veces se nota porque decides no volver a escribir ese mensaje. Porque te tragas las ganas de buscar respuestas que ya no van a darte. Porque dejas de justificar lo injustificable y empiezas a mirar tu vida con otros ojos. Y eso, aunque no se vea, también es valentía.

Aprendí a estar sola, y no como castigo, sino como oportunidad. A conocerme sin el ruido de otras voces. A sentarme con mi dolor y dejar de huir de él. Me di cuenta de que muchas veces el verdadero cambio no empieza con frases motivadoras ni con decisiones drásticas, sino con pequeños actos de amor propio: comer cuando no tienes apetito, salir a caminar cuando solo quieres llorar, dormir cuando la ansiedad no te deja en paz. A veces cuidarte no es perfecto ni estético. A veces cuidarte es simplemente resistir.

Entendí que la transformación no llega cuando todo está claro, sino cuando decides seguir aun con el corazón hecho trizas. Cuando te recoges a ti mismo pedazo a pedazo y te abrazas en silencio. Cuando eliges no rendirte, aunque todo dentro de ti te pida que te detengas. Y esa fuerza... esa fuerza que descubrí en mí no me la enseñó nadie. Me la dio la vida, me la dio el dolor, me la dio el amor que aprendí a tenerme cuando todo lo demás falló.

También aprendí a no buscar culpables eternamente. Hubo personas que me hirieron, sí. Pero también hubo momentos en los que yo misma no supe protegerme. Y eso no me hace débil, me hace humana. Perdonar no fue excusar lo que hicieron, fue soltar el peso que ya no quería cargar. Porque entendí que si no dejaba ir ese rencor, me iba a atar para siempre a algo que ya no tenía lugar en mi presente.

Y entonces, un día cualquiera, sin fecha exacta ni explicación lógica, me di cuenta de algo: ya no dolía igual. Ya no lloraba por lo mismo. Ya no me rompía por las mismas cosas. Y ahí lo supe. Supe que estaba cambiando de verdad. Que ya no necesitaba volver para sanar, porque ya estaba sanando desde donde estaba.

Mi renacer no fue una escena épica, fue una suma de elecciones pequeñas hechas desde el dolor. Pero también desde el amor. Un amor distinto. Un amor que ya no me exigía dejarme en segundo plano. Un amor que, por fin, me incluía.

Y si tú también estás empezando a cruzar ese puente, quiero decirte algo con todo mi corazón: no tengas prisa, pero no te detengas. A veces lo más valiente que puedes hacer es seguir caminando. Incluso con miedo. Incluso con dudas. Incluso con heridas aún abiertas. Porque cada paso que das, aunque no lo veas todavía, te está acercando más a ti.

Y lo más bonito de todo es que no lo hice por nadie más. Lo hice por mí. Ahora sé que no estoy sola: me tengo a mí. Y tenerme es, por fin, suficiente.

Si estás leyendo esto con un nudo en la garganta, con el corazón apretado y sintiendo que te cuesta hasta respirar... quiero que sepas algo: no estás solo. No eres la única persona que ha sentido que se pierde mientras intenta salvar una relación. No eres débil por haber dado más de lo que te daban. No estás roto, estás en proceso.

Quizás ahora todo te duela. Quizás te estés cuestionando si hiciste bien, si deberías haber aguantado un poco más, si era tu culpa. Pero no, no lo era. A veces simplemente nos olvidamos de nosotros mientras tratamos de que el otro se quede. Y eso no es amor... eso es abandono de uno mismo.

No te castigues por haberte entregado con el alma. No te juzgues por haberte quedado más tiempo del que debías. Eso solo significa que amaste con fuerza. Que apostaste por algo real. Pero también llega un momento en el que hay que parar. Cuidarse. Volver a uno.

Y aunque ahora no lo veas, te juro que hay vida después del dolor. Hay días nuevos, luz nueva, versiones de ti que aún no conoces pero que te están esperando. Tú también puedes transformarte. A tu ritmo. A tu manera. Con tus heridas, con tus cicatrices... pero también con toda la fuerza que vas a descubrir que tienes dentro.

Ojalá esto que has leído sea ese abrazo que necesitabas. Esa señal que esperabas. Ese pequeño empujón para empezar a priorizarte, porque tú también mereces elegirte.

Y si estás sintiendo que no puedes más, que todo pesa demasiado y que el dolor no se va... respira. Tal vez ahora sientas que tu mundo se desmorona, pero a veces hace falta que todo se rompa para que puedas reconstruirte desde otro lugar. Uno donde ya no te dejes para después. Uno donde seas tú quien se abrace primero.

Porque no se trata solo de sanar por sanar. Se trata de reconocerte. De mirar atrás con ternura y entender que hiciste lo mejor que pudiste con lo que sabías en ese momento. De dejar de culparte por haberte entregado. Porque amar no fue el error. El error fue olvidarte de ti. Pero eso... ahora puedes cambiarlo.

No necesitas tener todas las respuestas hoy. No hace falta que sepas hacia dónde vas, solo que te asegures de no volver al lugar donde dejaste de ser tú. No te castigues por no haberlo visto antes. El amor propio no siempre llega con flores. A veces llega con lágrimas, con noches en vela, con despedidas necesarias y decisiones que duelen.

Pero llegará. Como me llegó a mí. Como llega a quien, por fin, decide mirarse con ojos más suaves. Con compasión. Con respeto. Y entonces algo cambia: ya no te conformas con poco, ya no te callas lo que sientes, ya no aceptas migajas disfrazadas de amor. Y ahí es cuando empieza el verdadero renacer.

Así que, si estás al borde del abismo, si sientes que no puedes más, *prométeme una cosa: que no te vas a dejar.* Que, aunque duela, aunque no veas salida, vas a intentarlo. Vas a intentar cuidarte como mereces. Hablarte bonito. Abrazarte sin condiciones. *Porque tú también mereces elegirte.*

Y un día, cuando menos lo esperes, mirarás atrás y dirás: *valió la pena.*

Porque de verdad lo vale, mi pequeño lector.

PARTE II

El tiempo entre vuelos

6

Los ecos del vacío

El espacio donde aprendí a estar conmigo

Después de que todo se rompió, hubo un tiempo en que el silencio me acompañaba a todas partes. No era un silencio tranquilo, sino uno que hacía que mis pensamientos retumbaran, uno que parecía hacer más grande el vacío que sentía por dentro. Ese espacio extraño entre lo que fue y lo que ya no sería me hizo sentir perdida, como si estuviera atrapada en un lugar sin salida.

Pero ese lugar, aunque frío y difícil, fue donde aprendí a estar conmigo misma de verdad. Sin esconder nada, sin hacerme la fuerte ni la valiente para afuera. Fue duro, porque ese vacío me enfrentaba a preguntas que no quería responder: *¿Quién soy ahora que esto terminó? ¿Qué queda de mí cuando ya no está lo que me sostenía? ¿Cómo sigo adelante si duele y la cabeza no encuentra paz?*

En muchas ocasiones sentí que me estaba perdiendo, que me deshacía como polvo en el viento. Pero poco a poco, ese vacío empezó a transformarse en un refugio. En un lugar donde, aunque sola, pude comenzar a escuchar mi propia voz, esa que había estado apagada por tanto tiempo.

Y aquí te hablo a ti, que quizá estés pasando por algo parecido. Si sientes ese vacío, no te asustes ni pienses que estás roto o solo. Ese espacio que parece frío y oscuro es donde puedes encontrarte contigo de verdad. Puede doler, sí, porque duele mirar lo que no está, lo que se fue, lo que ya no será. Pero también es el primer paso para saber quién quieres ser ahora, sin miedo y sin falsas promesas.

Cuando aprendemos a estar con nosotros mismos, a escuchar lo que realmente sentimos y necesitamos, es cuando empezamos a prepararnos para volver a volar. No un vuelo impuesto por lo que otros esperan o quieren para nosotros, sino uno que nace desde lo más profundo, con alas auténticas y libres.

Así que, mi pequeño lector, si estás en ese momento de vacío, te abrazo con estas palabras y te digo: aquí empieza tu encuentro real contigo. Y aunque ahora no lo veas, ese encuentro es el que te llevará a volar de verdad.

Después del ruido... viene el eco.

Y ese eco no siempre es suave. A veces golpea. Otras veces apenas susurra, pero se queda, rebotando en las paredes del alma. Te deja ahí, sentado contigo mismo, con preguntas que no elegiste y silencios que nadie más entiende.

Cuando se termina una historia que marcó tanto, una parte de ti siente que todo se detiene. Como si el tiempo se congelara justo en el momento en que dijiste adiós. *¿Lo hiciste bien? ¿Te precipitaste? ¿Y si hubiera aguantado un poco más...?*

Y luego el peor de todos los pensamientos: *¿y si ya no vuelve nada a sentirse igual?*

Yo también me hice esas preguntas. Mil veces. Hasta el cansancio. Y te entiendo si tú también estás ahí, en esa etapa donde el vacío parece hablar más que cualquier persona a tu alrededor. Porque ese vacío no grita, pero pesa. No duele como un golpe, pero deja huellas.

Durante ese tiempo, te empiezas a enfrentar a lo que habías evitado: a ti. Sin distracciones, sin excusas, sin nadie que venga a «salvarte». Y ahí es cuando muchas cosas empiezan a caerse: las versiones que fingías, los sueños que ya no te hacen sentido, las partes de ti que te olvidaste de cuidar por darle todo a alguien más.

Pero escucha esto: el vacío no es el enemigo. Lo fue para mí, hasta que dejé de pelear con él. Hasta que entendí que no tenía que llenarlo a la fuerza, ni taparlo, ni disfrazarlo con personas, actividades o relaciones que solo eran ruido.

Te invito a que, si estás ahí, no huyas. Quédate. Quédate contigo. Aunque duela. Aunque no entiendas nada. Aunque te dé miedo. Porque hay algo muy profundo que empieza a revelarse cuando te atreves a no correr. Es como si, en medio de la nada, empezaras a verte con nuevos ojos. A notar los pedazos de ti que aún siguen vivos. A escuchar lo que tu corazón lleva tiempo pidiéndote en silencio.

Yo lo sentí así. Como si al quedarme quieta por fin pudiera oír mi propia voz.

Y ahora te lo digo a ti, mi pequeño gran lector: si estás en esa etapa en que el mundo se apagó y sientes que nadie entiende lo que te pasa... no estás perdido. Estás en construcción. Y a veces el primer paso para encontrarse es perderse un poco. Es quedarte sin certezas, sin respuestas claras. Es llorar sin saber por qué y levantarte sin tener muchas ganas.

Pero también es ahí donde nace la semilla de algo nuevo.

Algo más tuyo.

Más fuerte.

Más verdadero.

Este capítulo de tu vida no será el más brillante... pero quizás sea el más honesto. Y de ahí es donde nacen las alas que después sabrán a dónde volar.

Quédate contigo. Abrázate en ese silencio. Escúchate. Porque en el eco de lo que duele también se esconde la voz de lo que estás por descubrir.

Y si estás leyendo esto ahora, quizá también estés pasando por esa etapa en la que todo parece haberse desmoronado, en la que no sabes cómo seguir y te preguntas si algún día volverás a sentirte tú. Te entiendo, de verdad. Pero permíteme decirte algo que quizás necesites escuchar hoy:

No hay reconstrucción sin pausa. No hay florecer sin invierno.

A veces, el alma necesita quedarse quieta, sin dar explicaciones, sin entenderlo todo, solo sintiendo. *Porque hay lágrimas que limpian más que mil respuestas* y vacíos que no se llenan con cosas ni personas, sino con presencia... tu propia presencia.

El dolor no siempre es un castigo. A veces es una puerta. Y tú estás justo ahí, a punto de cruzarla.

Quizá aún no lo sepas, pero el simple hecho de seguir, de no rendirte, de levantarte aun sin fuerzas, es ya un acto de valentía. Porque no es fácil volver a mirarte al espejo cuando te rompieron la imagen que tenías de ti. Pero ¿sabes qué? A veces lo que se rompe es lo que ya no era verdadero.

Y cuando dejas de esperar que el otro vuelva, o que te complete, o que repare el daño... nace algo más grande: tú mismo, reconstruido desde el amor propio.

Una flor que empieza a cuidarse, aún marchita, será mañana la que más brille.

Porque el brillo verdadero no nace del aplauso, ni de la compañía, ni de una historia de amor perfecta. Nace del barro, del dolor enfrentado, del silencio habitado, del alma sostenida a solas. Nace de ti. Y solo de ti.

Así que si hoy sientes que estás en la oscuridad, no te castigues. No te exijas florecer tan pronto. Solo respira. Mira lo lejos que has llegado. Piensa en todas las veces que creíste no poder más, y aquí estás. Vivo. Latiendo. Buscándote.

Este vacío que hoy parece un abismo, con el tiempo se convertirá en tierra fértil. Y ahí, justo ahí, plantaremos las semillas de tu nuevo vuelo. No será como el anterior, ni falta que hace. Será más sabio. Más libre. Más tuyo.

Hoy no necesitas tener todas las respuestas. Solo necesitas darte la mano. Cuidarte como cuidarías a alguien que amas con todo tu corazón. Ser esa voz que te dice: «Aún no sé cómo, pero lo lograré».

Y lo harás. Créeme. Porque si has llegado hasta aquí, ya has dado el paso más importante: **elegirte**.

Tal vez llegaste hasta aquí con el alma un poco cansada, buscando una señal, una palabra que te abrace sin hacer ruido. Si es así, ojalá puedas recibir esto como una caricia escrita: no estás perdido, estás en camino.

Este espacio entre vuelos, aunque duela, no es una caída… es el momento justo donde tus raíces se afirman para que, más adelante, tus alas sepan a dónde volver. No es vacío, es preparación. Porque solo cuando aprendemos a sostenernos solos dejamos de mendigar manos que no saben sostenernos.

Piensa en esto: *una flor que comienza a cuidarse, aunque aún no florezca, ya está creciendo.* Y tú, ya estás en ese proceso. Estás aprendiendo a regarte con calma, a hablarte bonito, a abrazarte en lugar de exigirte.

Sigue. Aunque sea lento. Aunque a veces no sepas cómo. Estás sembrando la versión más libre y luminosa de ti.

7

El espejismo del consuelo

Reflexiones sobre lo que creí encontrar y lo que realmente necesitaba

Hay momentos en los que no queremos enamorarnos. Ni siquiera sentir. Solo queremos que algo nos calme.

Cuando nos duele, buscamos una salida rápida sin saberlo. A veces no es una persona lo que anhelamos, sino una pausa. Una excusa para no pensar. Un refugio donde no sea necesario explicar nada. Donde no haya que hablar del pasado ni del vacío. Solo estar. Respirar. Sentir otra cosa. Lo que sea, con tal de no seguir sintiendo esto. Y es ahí donde el consuelo se disfraza de amor. Ahí es donde nace el espejismo.

Hay gestos que nos hacen creer que hemos encontrado algo nuevo, cuando en realidad estamos intentando escapar de algo viejo. Nos ilusionamos con lo que alivia, sin darnos cuenta de que no nos alivia realmente. Solo nos distrae.

No lo hacemos con maldad. Nadie dice: «*Voy a usar a esta persona para olvidarme de otra*». No es tan consciente. Es más sutil, más humano. Es una necesidad profunda de respirar cuando todo arde por dentro. Y cuando alguien aparece en ese momento, con una palabra amable, con una atención mínima, con una disponibilidad que no teníamos en otro sitio, es fácil confundir lo que sentimos.

Porque en ese instante, más que amor, necesitamos paz. Y, a veces, alguien nos la da sin saberlo. Nos envuelve con su presencia, nos ayuda a no pensar, y eso ya nos parece suficiente. Por eso muchas veces creemos haber encontrado algo verdadero, cuando en realidad solo estamos más cómodos que antes. Menos heridos. Pero no sanados. Lo que más nos confunde es que sí lo sentimos de verdad, aunque no sea del todo real. Y duele reconocerlo.

Duele admitir que esa persona que tanto nos ilusionaba quizá solo llegó en el momento en que más necesitábamos consuelo. Que no fue amor, sino necesidad. Que no fue conexión, sino distracción. Que no fue hogar, sino pausa. Y por eso cuesta soltarlo, porque nos hizo bien cuando todo iba mal. Nos dio calma, aunque fuera temporal. Nos ayudó a aguantar cuando el alma se nos rompía a trozos.

¿Y cómo se suelta a alguien que nos sostuvo cuando más lo necesitábamos?

¿Cómo se admite que quizá no estábamos listos para amar, sino desesperados por no hundirnos?

Ahí es donde muchos nos perdemos: en la confusión entre lo que nos sostiene y lo que verdaderamente nos construye.

Y lo más duro es esto: que ese consuelo, al principio tan suave y necesario, a veces termina dañando más. Porque nos hace creer que estamos mejor de lo que estamos. Nos hace dejar de mirar hacia dentro. Nos anestesia. Nos mantiene a flote, sí, pero no nos permite sanar.

No hay nada malo en buscar alivio. Lo necesitamos. Pero cuando confundimos el alivio con amor, el riesgo es alto: nos convencemos de que hemos encontrado algo real y duradero, cuando solo estamos posponiendo una herida que tarde o temprano saldrá a la superficie.

En medio de ese espejismo de consuelo, emergen dos formas de enfrentar el dolor y la soledad, dos caminos que, aunque distintos, parten de una misma necesidad profunda: la de encontrar calma, de algún modo, para no desmoronarnos.

Por un lado, están quienes buscan ese refugio fuera de sí mismos. Estas personas no lo hacen por egoísmo ni por falta de fuerza, sino porque en ese momento sus alas están heridas y necesitan apoyarse en alguien que les dé un respiro. Es un acto de supervivencia más que una estrategia premeditada. En su vulnerabilidad, una palabra amable, una mano que se ofrece, una mirada que no juzga, pueden ser el salvavidas que les impide hundirse.

Para ellas, ese consuelo externo funciona como un parche emocional. No busca sanar la herida de raíz, pero sí alivia la quemazón momentáneamente. Ese gesto amable, esa atención prestada, esa presencia silenciosa, les permite respirar con un poco más de calma, aunque solo sea para evitar el colapso inmediato. No es amor en su forma más genuina, sino una necesidad urgente de calma. Algo así como detenerse a beber agua cuando se está agotado en mitad del desierto.

Este modo de buscar alivio puede dar sensación de compañía y, a veces, hasta de cercanía, pero tiene sus límites. Porque al depender de alguien más para sentirnos mejor, podemos llegar a perder el contacto con lo que realmente nos pasa dentro. El consuelo externo nos puede envolver en una burbuja temporal, pero esa burbuja puede anestesiar nuestra mirada interna. Nos mantiene a flote, sí, pero no nos lleva hacia la sanación verdadera.

Del otro lado, están quienes no recurren a esa red de consuelo externo. No es porque no quieran, ni porque sean insensibles o solitarios por naturaleza. Simplemente, su proceso de sanar pasa por un camino más introspectivo, más solitario. Prefieren mirar de frente el vacío, el dolor, la incertidumbre, y transitar ese camino sin apoyarse en nadie más. Quizá porque en el fondo saben que solo así podrán encontrar una calma que no dependa de factores externos, una paz genuina que nazca desde dentro.

Estas personas pueden sentir la soledad más aguda, la falta más dolorosa, pero también están apostando por un consuelo que, aunque cuesta más esfuerzo, les da una base más sólida. Su manera de sanar implica enfrentar el dolor sin disfrazarlo ni esconderlo, sin paños calientes ni escapatorias. Y, aunque a veces eso signifique caer y levantarse más veces, están apostando a construir su propio refugio interno.

Ninguno de estos caminos es mejor ni peor. No hay mérito o culpa en elegir uno u otro. Solo hay formas distintas de responder a una necesidad humana universal: la búsqueda de calma cuando la tormenta ruge dentro. Por eso quiero que quienes lean estas palabras se reconozcan sin juicios, sin etiquetas, y sepan que su manera de transitar el dolor es válida, sea cual sea.

Quizá te reconozcas en quien buscó refugio en alguien más, porque necesitabas desesperadamente una pausa, un respiro, una mano que te sostuviera cuando todo parecía derrumbarse. Y eso está bien. No es un fallo ni una debilidad. Es una respuesta humana legítima a una necesidad real. Lo que importa es que, con el tiempo, puedas diferenciar ese consuelo momentáneo del consuelo verdadero, y aprender a no quedarte atrapada en el espejismo.

O tal vez te identifiques más con quien prefirió enfrentar la tormenta en soledad, mirando adentro con valentía, sin buscar parches externos. Quizá tu camino ha sido más solitario, más silencioso, más doloroso, pero también más íntimo. También está bien. Cada paso que has dado, aunque solo, te ha ido acercando a un consuelo más genuino, más profundo.

Lo esencial es que ambos caminos nos enseñan algo fundamental: que el verdadero consuelo no está afuera, ni en la presencia pasajera de alguien que nos sostiene. Está dentro. Está en la capacidad que tengamos de mirarnos con amor, de aceptar nuestras heridas sin huir de ellas, de darnos permiso para sentir, para caer, para levantarnos...

Porque el consuelo que nace de nosotros mismos es el único que realmente construye. No es un bálsamo momentáneo ni un alivio temporal. Es una paz que se asienta en lo más profundo, una calma que permanece más allá de las circunstancias, una fortaleza que nos permite abrir las alas, aunque el viento sea fuerte.

Por eso, el desafío más grande está en aprender a distinguir entre el consuelo que sostiene y el que construye. Entre el refugio temporal y la casa firme. Porque a veces, sin darnos cuenta, nos acostumbramos a ese espejismo que nos mantiene a flote, pero no nos deja avanzar. Nos quedamos atrapados en un consuelo que solo pospone el dolor y eso puede dañarnos más de lo que creemos.

Reconocer esta diferencia es un acto de valentía. Es mirar con honestidad nuestra propia necesidad, sin miedo ni culpa. Es aceptar que, aunque el consuelo momentáneo haya sido necesario, también es imprescindible buscar y construir el consuelo verdadero. Que, aunque haya personas que nos hayan dado calma cuando más la necesitábamos, no podemos depender eternamente de ese alivio externo.

Porque, al final, la única presencia que siempre estará con nosotros somos nosotros mismos. Y la única paz que no nos puede arrebatar nadie es la que cultivamos dentro, en nuestro propio corazón.

8

Heridas abiertas, aprendizajes profundos

Cómo el dolor no sanado revela lo que queda por trabajar

Hay heridas que no gritan. Solo susurran. Se camuflan detrás de una sonrisa forzada, de una frase como «ya pasó» dicha demasiado pronto, de una calma que en realidad es solo cansancio. A veces creemos que ya hemos sanado solo porque el dolor dejó de doler con tanta fuerza... pero eso no siempre significa que haya desaparecido. A veces, simplemente, se escondió un poco más adentro.

Tal vez también te pasó a ti. Que pensaste que lo tenías superado, que ya habías cerrado todo lo que había que cerrar... y, sin embargo, algo pequeño lo removió todo. Una canción, una fecha, una mirada, un gesto. Y entonces te diste cuenta: todavía queda algo ahí. Algo que no terminó de cicatrizar.

No es fácil aceptar que aún duele. Que todavía hay partes de ti que tiemblan cuando se acercan ciertas emociones. Pero eso no te hace débil. Al contrario: reconocerlo es el inicio de una verdadera fortaleza. Porque solo quien se atreve a mirar sus heridas sin disfrazarlas está listo para transformarlas.

A veces el dolor se esconde en decisiones que tomas sin pensarlo mucho, en vínculos que repites sin saber por qué, en silencios que guardas porque hablar duele más. Pero si prestas atención, si te escuchas con honestidad, empiezas a entender que no es el presente lo que pesa... sino el pasado que aún no ha sido abrazado del todo.

Y entonces llega el aprendizaje. No como una lección que alguien te enseña, sino como una verdad que empieza a brotar desde dentro. Descubres, por ejemplo, que no era la otra persona la que tenía que sanar lo que tú llevabas arrastrando. Que esperar que alguien lo cure por ti solo alarga la espera. Que el verdadero trabajo —el que libera, el que transforma— siempre empieza contigo.

Hay momentos en los que uno se siente roto, desbordado, confundido. Pero también en esos momentos nace la oportunidad de observarte con más claridad. De preguntarte con honestidad: *¿qué parte de mí aún necesita ser mirada con amor?, ¿cuál es esa herida que todavía pide atención?*

Porque cada herida abierta te señala un lugar donde aún puedes crecer. Un rincón que ha estado esperando tu mirada tierna. No para juzgarlo ni para negarlo... sino para decirle: «Aquí estoy, no me voy más de mí».

Y cuando empiezas a darte eso, cuando en vez de correr huyes hacia dentro, te das cuenta de algo profundo: que las heridas no son el fin. Son parte del camino. Son como grietas que, si se cuidan bien, dejan entrar la luz.

Hay cosas que sanan simplemente con el paso del tiempo. Cuando decides empezar a cuidarte a ti.

Puedes dejar pasar meses, años incluso, y seguir sintiendo que hay algo que no encaja. Como si una parte de ti siguiera esperando una explicación, un abrazo, una despedida que nunca llegó. Y mientras eso no se reconoce, el corazón sigue en pausa... latiendo, sí, pero a medias.

¿Sabes? A veces te convences de que estás bien porque ya no lloras tanto. Porque ya no hablas de eso. Porque puedes contarlo sin que se te quiebre la voz. Pero el alma no miente. El cuerpo tampoco. Se nota cuando aún hay una herida abierta... en la manera en que reaccionas, en lo que te cuesta confiar, en esa alerta constante que no se apaga del todo.

Y quizá nadie lo ve, porque lo has sabido disimular muy bien. Porque te convertiste en experto en sonreír sin mostrar que algo pesa dentro. Pero tú lo sabes. Tú lo sientes. Y ya no se trata de que otros lo reconozcan. Se trata de que tú te lo permitas. De que te mires sin vergüenza y te digas: «Sí, aún me duele, pero ya no me voy a abandonar por eso».

Una flor no florece si niega que está sedienta. Tampoco si finge que el sol le alcanza cuando está a la sombra. Necesita cuidado, honestidad y el tipo de amor que no se da a medias. Y tú también.

Por eso, si en este momento sientes que aún hay cosas sin resolver... no lo veas como un fracaso. Velo como una señal de que estás a tiempo. A tiempo de sanar sin prisas. A tiempo de sentir sin culpa. A tiempo de entender que no estás roto, solo estás volviendo a ti.

Lo que no has sanado no te hace menos valioso. Solo te muestra el camino que aún queda por recorrer contigo. Y ese camino, aunque duela al principio, es el único que lleva a casa. A esa casa que eres tú cuando dejas de huir de ti mismo.

A veces no es que la vida se ponga en tu contra. Es que te está enseñando. Te está poniendo una y otra vez frente al mismo espejo... hasta que tengas el valor de mirar de verdad.

¿Te ha pasado? Que cambias de personas, de lugares, de rutinas... pero terminas sintiendo lo mismo. Vacío. Frustración. Dudas. Y es entonces cuando, si te detienes y lo piensas, puedes preguntarte: *¿de dónde viene este malestar? ¿Realmente es lo de fuera lo que me lastima, o es algo dentro que aún no ha sido escuchado?*

Cuando una herida no ha sido sanada, no importa cuánto intentes avanzar... siempre te arrastra hacia atrás. A veces en forma de miedos, a veces en forma de elecciones que no te cuidan, o en silencios que tragas por costumbre. Y te dices que ya lo superaste, pero en el fondo... lo ocultas.

No estás solo si te pasa. Muchos lo hemos hecho. Miramos hacia otro lado porque enfrentar el dolor da miedo. Porque duele más decir «me fallé» que echarle la culpa a los demás. Pero si algo aprendí es esto: el dolor que no se enfrenta se convierte en una cadena invisible que limita todo lo que podrías vivir.

¿Qué estás evitando sentir? ¿Qué herida sigues cubriendo con excusas? ¿Qué parte de ti necesita que, de una vez por todas, le digas: «ya no te voy a soltar»?

No hay liberación sin honestidad. Y tampoco hay luz sin antes atravesar la sombra. A veces hay que tocar fondo emocionalmente para darnos cuenta de que llevábamos años nadando en lo superficial. Que maquillamos lo roto, que le pusimos etiquetas a lo que no sabíamos nombrar, y que, por miedo a sufrir otra vez, nos fuimos apagando poco a poco.

Pero, mira, aún con todo eso... estás aquí. Leyendo esto. Viéndote. Y eso ya dice mucho.

A veces, sanar no es una gran decisión. A veces es una pequeña respuesta que te das a ti mismo cuando te preguntas: *¿estoy dispuesto a cuidarme como esperaba que otros me cuidaran?*

Porque solo cuando te haces cargo de tus heridas, dejas de culpar al mundo por sangrar. Y es entonces cuando floreces. No porque ya no haya dolor, sino porque ahora tú eres quien lo sostiene con amor.

¿Cuántas veces has sentido que reaccionas con demasiada intensidad ante algo aparentemente pequeño? Una frase, una actitud, una ausencia mínima... y, sin embargo, algo en ti se activa con fuerza. No es exageración. Es una señal.

Porque el dolor no sanado tiene memoria. No olvida lo que aún no fue comprendido. Y cuando menos lo esperas, revive en forma de miedo, de desconfianza, de inseguridad. No es el presente el que te duele. Es ese rincón de ti que sigue esperando una explicación, una caricia, un «lo hiciste bien, aunque dolió».

A veces decimos «ya no me afecta», pero seguimos sintiendo que no somos suficientes. Seguimos esperando validación externa para poder respirar tranquilos. Seguimos temiendo que nos vuelvan a dejar, a mentir, a romper. Entonces, *¿realmente sanaste o solo te acostumbraste a vivir con la herida abierta?*

Es importante que te lo preguntes sin culpa, con ternura. Porque sanar no es una línea recta. Es un camino que a veces se avanza y a veces retrocede. Pero siempre, si eliges mirarlo de frente, te lleva a ti.

Y no, no es fácil. A veces querrás huir de ti mismo, tapar el ruido con distracciones, ignorar el eco del dolor con un «estoy bien» automático. Pero viniste a esta vida a salvarte y entenderte. A abrazar tus partes rotas con la misma compasión con la que cuidas a quienes amas.

Así que hoy te invito a que te escuches un poco más.

¿Cuándo fue la última vez que lloraste sin juzgarte?

¿Cuál es la historia que aún no has contado ni siquiera a ti mismo?

¿Qué parte de tu pasado sigue buscando un cierre que solo tú puedes darle?

No estás solo en esto. Todos llevamos algo que aún duele, algo que cuesta mirar. Pero también todos tenemos dentro una fuerza silenciosa que nos empuja a seguir, a comprender, a sanar.

El verdadero aprendizaje no es solo entender el dolor, es transformar la manera en que lo miramos. Cambiar el «*¿por qué me pasó esto?*» por un «*¿qué puedo hacer hoy con esto que me pasó?*».

Cuando logras dar ese paso, cuando dejas de escapar de ti y empiezas a quedarte, algo dentro empieza a florecer. Sin prisa, sin ruido, pero con raíz.

Y hablándote desde mi historia, quiero decir que en medio de todo ese proceso tuve que mirar mis heridas más que nunca, y mi suerte es que nunca estuve sola. Tuve a mi lado a mi familia y a mis amigos más cercanos, esas personas que, aunque no siempre entienden cada detalle, se quedaron. Que, con su presencia silenciosa, sus palabras cuando las pedía, o simplemente con un abrazo sin explicación, me ayudaron a sostenerme cuando mis fuerzas flaqueaban.

Esos lazos, a veces tan simples como un mensaje de buenos días o una llamada inesperada, fueron el refugio donde mi alma cansada pudo descansar. Porque no siempre es fácil pedir ayuda, y no siempre quien está a nuestro lado sabe cómo darnos lo que necesitamos, pero su amor, aunque imperfecto, me recordó que no estaba sola en la tormenta.

¿Has sentido alguna vez ese calor silencioso que viene de alguien que no juzga, que simplemente está ahí? Ese es el tipo de amor que también sana, poco a poco, cuando las heridas parecen demasiado grandes para llevarlas solo.

Así que, querido lector, te invito a mirar a tu alrededor. *¿Quiénes son esas personas que han estado contigo sin condiciones? ¿Has permitido que su amor te toque y te sostenga?* Reconocer esas manos que te han ayudado a levantarte es también parte de tu sanación. Porque a veces, crecer no significa solo enfrentarse al dolor en soledad, sino también aceptar el apoyo que nos ofrece la vida en forma de otros corazones.

En mi caso, en medio de todo ese proceso, no quería ayuda. Sentía que tenía que sanar yo sola, a mi ritmo, sin que nadie interviniera. No buscaba que me arreglaran, ni quería que nadie se metiera en mi camino. Pero al mismo tiempo, deseaba que ellos me vieran, que entendieran lo que estaba pasando, aunque fuera en silencio.

Nunca les negué una mano extra, por si alguna vez la necesitaba. Porque aprendí que sanar no es siempre un camino solitario; a veces, reconocer que podemos aceptar apoyo, sin perder nuestra fuerza, es también un acto de valentía.

Mi familia y mis amigos fueron ese refugio silencioso que estuvo ahí, sin presionar, sin juzgar, solo con la mano abierta y el corazón dispuesto a acompañar. Eso, más que cualquier palabra, fue un bálsamo para mi alma.

En algunos casos, a veces no queremos ayuda porque sentimos que la sanación debe ser solo nuestra. Quisimos sanar por nosotros mismos, pero también deseamos que nos vean, que reconozcan nuestro esfuerzo silencioso. Nunca cerré la puerta a una ayuda extra, porque sabía que, si alguna vez la necesitaba, ahí estarían para ofrecerla sin juzgar.

¿Te ha pasado algo similar? ¿Has sentido ese impulso de sanar solo, pero al mismo tiempo necesitaste que alguien te acompañara, sin invadir ni apresurar?

Aceptar ese apoyo no es una debilidad, sino un acto de valentía y honestidad contigo mismo. A veces, las raíces que fortalecen tu crecimiento están entrelazadas con quienes caminan a tu lado, sin tomar tu lugar, solo ofreciéndote calor y confianza.

Recuerda que, a veces, cuidarte no es hacerlo todo solo, sino saber cuándo dejar que otros te cuiden, mientras tú sigues siendo dueño de tu proceso.

También aprendí que sanar no siempre significa aislarse. A veces, se trata de permitirte estar acompañado sin perder tu espacio. De dejar que te miren con ternura mientras tú te reconstruyes por dentro. Porque, aunque el proceso sea tuyo, el amor de quienes te rodean puede convertirse en el suelo firme donde vuelves a pararte.

Y ahí estaban ellos: mi familia, mis amigos... los que no necesitaban entender cada detalle para ofrecerme su cariño. Me vieron en silencio, sin presionarme. Me tendieron la mano sin imponer. Me ofrecieron su tiempo, su compañía, su escucha... incluso cuando yo no sabía cómo pedirla.

A veces, un simple «aquí estoy» dicho con el corazón es más que suficiente para recordarte que no estás solo. Que, aunque el trabajo interno lo hagas tú, hay quienes te alumbran el camino con su sola presencia.

Y si tú, lector, tienes a alguien así en tu vida, no lo ignores. Agradécelo. Cuídalo. Son esas personas las que, sin saberlo, se convierten en parte de tu sanación. No porque te rescaten, sino porque te acompañan mientras aprendes a rescatarte tú.

Sanar no es encerrarse. Es abrirte a ti, y también, cuando haga falta, abrirte a ellos. Sin depender, sin aferrarte, pero sí dejando que el amor llegue... como llega la luz a través de una rendija.

9

El regalo inesperado del duelo

Un cierre interno y un nuevo entendimiento sobre mí misma

El duelo no siempre se presenta como una tormenta. A veces, llega como un silencio profundo, como un domingo sin ruido, donde lo único que puedes oír... eres tú.

Al principio, ese silencio asusta porque te deja a solas con todo lo que evitaste por tanto tiempo. Con las dudas que callaste. Con las emociones que enterraste. Con la verdad que sabías... pero que no querías mirar.

Pero después de un tiempo, ese mismo silencio se transforma. Deja de ser un castigo para volverse un refugio. Y ahí, en medio de esa calma inesperada, empiezas a escucharte diferente.

Ya no gritas para que alguien te escuche. Ya no corres para que alguien te alcance. Ya no finges estar bien para que no se vayan. Solo estás. *Y te das cuenta de que estar contigo no es tan aterrador como pensabas.*

Es más... hasta se empieza a sentir bien.

¿Te ha pasado eso también?

¿Ese momento en que descubres que la compañía que tanto buscabas afuera estaba siempre dentro de ti?

El duelo, aunque se vista de pérdida, a veces es una liberación. Porque no solo se lleva a quien se fue, también se lleva todo lo que ya no necesitabas cargar: la necesidad de aprobación, el miedo a estar solo, la idea de que sin alguien al lado no valías tanto... Y cuando te vacías de todo eso, queda espacio para algo más: tú.

No una versión maquillada, ni aprobada por nadie más. Sino tú, auténtico, sin máscaras, sin adornos. Tú, con tus luces y tus sombras, con tu risa que ahora nace sola, con tu presencia que ya no se esconde, con tu voz que por fin aprendiste a escuchar.

Quizá ahí esté el verdadero regalo: *en dejar de buscar afuera lo que desde siempre habitaba dentro.*

El duelo no tiene una sola forma, a veces es rabia, a veces es tristeza, a veces, simplemente, es vacío. No se presenta igual en todos. Depende del vínculo, del momento de vida, del alma que lo transita. Quizás tú, lector, viviste un duelo en medio del caos, sin tiempo para llorar, cargando responsabilidades, rodeado de ruido.

O quizá te encontró en soledad, con tiempo de sobra para pensarlo todo... incluso de más. A lo mejor llegó de golpe, sin avisar. O tal vez ya lo veías venir, pero igual dolió como si no lo esperabas. Sea como sea, hay algo que todos los duelos comparten: su propósito.

Todos —aunque distintos, aunque unos más largos y otros más suaves— tienen el mismo fin: ayudarte a entender, a soltar, reconstruirte y aprender de ello.

¿Lo habías pensado así?

¿Que incluso el dolor más desgarrador puede estar abriéndote la puerta hacia una nueva versión de ti?

El duelo a veces no es un castigo. Es un proceso, un cruce. Una especie de puente entre lo que fuiste con alguien y lo que puedes llegar a ser sin esa persona... pero contigo.

Porque sí, es cierto, al principio se siente como si te arrancaran algo. Como si algo se rompiera para siempre. Pero, con el tiempo y si lo atraviesas con el corazón despierto, te das cuenta de algo hermoso: no perdiste todo, te quedaste contigo.

Y eso lo cambia todo. A veces el aprendizaje más profundo no viene del que se va, sino del que decide quedarse: tú.

Tú, que eliges no rendirte.

Tú, que eliges mirar tu herida sin disfrazarla.

Tú, que eliges reconstruirte con amor, aunque tiemblen las manos.

¿Qué estás aprendiendo tú de tu duelo? ¿Has podido darte cuenta de lo fuerte que eres por seguir aquí, respirando, sintiendo, creciendo?

No importa cómo se presentó tu proceso. Lo importante es que estás enfrentándolo. Que, aunque duela, sigues, y si por algún momento pensaste que no ibas a poder... mira hasta dónde has llegado. El duelo, al final, no es un enemigo, es un maestro. A veces duro, sí. Pero siempre revelador.

Y cuando por fin entiendes eso, cuando dejas de luchar contra él y decides caminarlo paso a paso, te das cuenta de lo más poderoso: que no estabas perdiendo, estabas renaciendo...

Y si hoy me preguntas si cambiaría algo de lo vivido... te diría que no. Porque, aunque dolió, aunque hubo momentos en los que sentí que no saldría de ahí, todo ese proceso me trajo hasta aquí. A este punto donde ya no necesito entenderlo todo para estar en paz.

A este lugar donde ya no me castigo por haber sentido, por haberme roto, por haberme quedado demasiado tiempo o haber esperado demasiado de alguien que no era capaz de darme lo que yo merecía.

¿Sabes por qué no lo cambiaría? Porque gracias a esos errores, hoy entiendo más de mí. Porque el dolor me enseñó a mirar con otros ojos. Porque ya no me da miedo equivocarme... me daría más miedo no aprender nada.

Y sí, si te soy sincera, yo antes veía todo muy oscuro. Sentía que no había soluciones, que las cosas simplemente me pasaban sin razón. Vivía sin entender por qué dolía tanto. Pero ese golpe de realidad que llegó sin pedir permiso me obligó a mirar distinto. A ver que hay otra forma de vivir: *con más calma, con más conciencia, con más amor propio...*

Ahora elijo mis palabras con más cuidado. Escucho mis emociones antes de reaccionar. No siempre lo logro, claro. Pero ya no huyo de mí, ya no me abandono. Estoy aprendiendo a quedarme. Y eso, pequeño lector, es uno de los mayores regalos que te puede dejar cualquier duelo.

Tú, que estás leyendo esto, *¿estás dispuesto a mirarte distinto?, ¿a dejar de correr y empezar a escucharte?, ¿a soltar la culpa y abrazar lo que fuiste con ternura?*

Recuerda: cada duelo, aunque tenga formas distintas, aunque duela de manera diferente, tiene un mismo fin... ayudarte a sanar. No para olvidar, sino para aprender. No para tapar, sino para transformar. No para borrar tu historia, sino para escribir un nuevo capítulo desde la verdad.

Y ese capítulo, querido lector, empieza justo donde decides dejar de sobrevivir... y comienzas, por fin, a vivir...

También, quiero decir que cuando estás en medio de un duelo, no solo duele el corazón. También se agitan mil emociones que pueden hacer que cada día se sienta como una montaña rusa. Tal vez te has encontrado con momentos de estrés que parecen no tener fin, o con esa ansiedad que aprieta el pecho sin que sepas por qué. Quizá hay días en que la tristeza te envuelve como una manta pesada, y otros en que la ira o el enojo salen a la superficie, como un volcán que va a entrar en erupción.

Es normal sentir todo eso y más. En el duelo, aparecen emociones que pueden confundirte o hacerte sentir perdido: el odio que sorprende porque no sabes de dónde viene, la culpa que te atrapa y no te deja avanzar, el asco o rechazo hacia situaciones o incluso hacia ti mismo, los agobios que parecen no tener pausa.

¿Te has preguntado alguna vez por qué estas emociones surgen en los momentos en que más necesitas calma? ¿Qué querrán decirte?

No están ahí para castigarte. Son señales de que algo profundo dentro de ti está en movimiento. Son como un río que arrastra piedras que durante mucho tiempo estuvieron quietas, y ahora toca salir a la superficie para ser vistas y limpias.

Reconocerlas es el primer paso para no dejar que te controlen. Para eso, te invito a que te observes con ternura, sin juzgar lo que sientes, incluso cuando esas emociones te parezcan «negativas». Porque dentro de cada una hay una enseñanza que puede ayudarte a crecer y a sanar.

En medio del duelo, es común que sientas que algo dentro de ti no encaja, como si una parte estuviera siempre en alerta. *¿Por qué ahora este nudo en la garganta, si creía que ya había avanzado?* A veces, esos momentos llegan sin aviso, y parecen recordarte que la herida aún está fresca. Quizás te preguntas si es normal seguir sintiendo tanto dolor después de tanto tiempo. La respuesta es que sí, cada proceso tiene su ritmo, y no hay un calendario para sanar.

Tal vez te has sorprendido enfrentando sentimientos que no esperabas: esa mezcla de rabia y tristeza que no sabes cómo manejar. *¿Por qué me enfado tanto, si lo que quiero es paz? O ¿por qué siento culpa si no hice nada malo?* Estas emociones pueden confundirte, pero son señales de que estás en un lugar donde el alma necesita atención y cuidado.

En esos días en que te invade la ansiedad o el miedo, puede que te preguntes cómo seguir adelante sin sentir que te ahogas. *¿Cómo puedo encontrar un respiro cuando todo parece tan oscuro?* Lo que quizá no sabes es que a veces basta con permitirte una pausa, con aceptar que no tienes que cargar con todo el peso a la vez.

Cuando el agobio parece no tener fin, y las ganas de seguir se desvanecen, surge esa voz interna que te cuestiona si acaso alguien más podría ayudarte o si tienes que hacerlo todo solo. Es natural pensar que el consuelo venga de afuera, pero también es importante recordar que la mayor fuerza para sanar está en el cuidado que te das a ti mismo.

Y aunque todo parezca abrumador, puede que ahora mismo, sin darte cuenta, ya estés dando pequeños pasos hacia la luz, apenas visibles, pero reales. Tal vez te estés preguntando qué es lo que necesitas para seguir, sin saber que la respuesta está en esa decisión silenciosa de no rendirte.

A lo largo del duelo, también te puedes sorprender preguntándote por qué a veces te sientes tan agotado sin motivo aparente. Es como si tu cuerpo y tu mente estuvieran en guerra silenciosa, sin entender muy bien qué necesitan para sanar. No es raro que aparezca ese cansancio profundo que no se quita con dormir, porque el desgaste no es solo físico, es emocional y mental.

Quizá sientes que estás atrapado en un ciclo donde la tristeza vuelve una y otra vez, a veces sin razón clara. Te preguntas si eso es normal, o si deberías «superarlo» ya. Lo cierto es que el duelo no es una línea recta, ni un camino que se recorre de forma perfecta. Hay días que el corazón pesa más y otros que, sin darte cuenta, te regala una pausa, un pequeño respiro que te invita a seguir adelante.

Y qué decir de la ansiedad, esa compañera que a veces aparece sin ser invitada, acelerando tus pensamientos y haciendo que el futuro se vea borroso y aterrador. En esos momentos, quizás te preguntas cómo calmar ese torbellino que parece no tener fin. Aceptar que la ansiedad es parte del proceso puede ser el primer paso para encontrar calma, aprendiendo a respirar con paciencia, a regalarte pausas sin juzgarte.

El apego también puede jugar su papel en esta historia. A veces te aferras a recuerdos, a personas, a momentos que quisieras revivir o cambiar. Te cuestionas por qué no puedes soltar, por qué duele tanto dejar ir. No es un fracaso no poder hacerlo de inmediato; es parte del ser humano y de querer proteger lo que fue importante. Sin embargo, dejar espacio para la libertad, para el cambio... es también una forma de amor propio.

Existen maneras diferentes en las que nos apegamos, y aunque no necesitas saber nombres ni etiquetas, sí es útil reconocer cómo funcionan en ti esas cadenas invisibles. Tal vez notas que buscas con insistencia la cercanía de alguien, como si temieras quedarte solo. O quizás sientes que te alejas justo cuando alguien intenta acercarse, como una forma de protegerte del dolor que crees que podría venir.

Puede que, en algunos momentos, te descubras atrapado en esa ambivalencia: quieres estar cerca, pero también quieres escapar. *¿Te suena familiar esa confusión?* Esa tensión interna refleja un apego que aún está en proceso de sanar, un vínculo que quedó a medio camino entre el amor y el miedo.

O quizá reconoces que en el pasado has puesto todas tus esperanzas en que alguien más te «salvara» o te completara, esperando que fuera esa persona quien te diera la paz que buscabas. Y cuando eso no pasó, el dolor fue doble, porque no solo perdiste a esa persona, sino también la idea de seguridad que habías creado.

Pero aquí está la clave que quiero que nunca olvides: *ningún apego externo puede sanar lo que solo tú puedes sanar desde dentro.* El primer amor verdadero, ese que transforma y libera, es el que aprendes a dar y recibir contigo mismo.

Reflexiona: *¿en qué momentos he buscado afuera lo que necesito cultivar dentro?*

¿De qué maneras mi apego me ha limitado o me ha hecho sentir inseguro?

¿Qué pasos pequeños puedo dar hoy para construir un vínculo más amable conmigo?

Las emociones como la ira, el odio o el asco pueden aparecer inesperadamente, y puede que te preguntes si eso significa que eres una mala persona. La verdad es que esos sentimientos son válidos, son señales de que dentro de ti algo necesita ser escuchado y liberado. No hay emociones buenas o malas, sino mensajes que tu alma te envía para que los atiendas.

Y la culpa, ese peso que muchos llevan como una carga invisible. Tal vez te has preguntado si debiste actuar diferente, si pudiste hacer más, si fuiste suficiente. Es natural sentirlo, pero también es fundamental recordar que la culpa no sana ni ayuda, solo duele y atrasa. Reconocer tus límites y tu humanidad es un acto de valentía.

Por último, cuando el agobio parece insoportable, cuando sientes que te ahogas en emociones que no puedes controlar, puede que te cuestiones cómo seguir adelante. En esos momentos, es fundamental recordar que no tienes que hacerlo solo. Buscar ayuda, pedir apoyo, abrirte a alguien de confianza no es señal de debilidad, sino de amor propio y fortaleza.

A lo largo de este camino, es bueno preguntarte: *¿qué estoy sintiendo ahora?, ¿qué necesito para cuidarme mejor?, ¿qué pequeño paso puedo dar hoy para honrar mi proceso?* Cada respuesta, por pequeña que sea, es una semilla de sanación.

Aceptar todas estas emociones, por más intensas o incómodas que sean, es parte fundamental del proceso. No se trata de luchar contra ellas ni de esconderlas, sino de aprender a escucharlas, darles un lugar sin dejar que nos dominen y aprender cómo gestionarlas. Porque cada sentimiento —ya sea tristeza, ira, ansiedad o culpa— nos está hablando de algo profundo que necesita ser atendido.

Si hoy estás aquí, leyendo esto, quizás sientas que el peso de esas emociones te abruma. Pero quiero que recuerdes algo: no estás solo en este camino, yo también pasé por ahí y he tenido esas emociones y quería compartirlas contigo por si estás pasando por las mismas y tienes las mismas dudas y preguntas que yo tenía.

Y aunque a veces parezca que no hay salida, la calma llega cuando decides acompañarte con paciencia y amor.

Permítete sentir, permítete caer y levantarte, porque, como ya dije anteriormente, no hay un tiempo exacto ni una forma correcta para sanar, pero para ello, debes elegirte, entenderte y darte el espacio y tiempo que necesites. Y eso, pequeño lector, es suficiente para empezar a darte el cariño que mereces.

PARTE III

Mi despertar emocional
El renacer de mis alas

10

Caer, romperse... y, aun así, levantarse

El momento donde toqué fondo

Hubo un momento en que todo colapsó. No fue un estallido repentino, sino una acumulación silenciosa, una presión que crecía sin hacer ruido hasta que ya no pudo sostenerse más. Por dentro, algo que llevaba tiempo agrietado se rompió de golpe. Todo lo que había estado reteniendo, conteniendo con esfuerzo, se expandió y explotó en mi interior. Y cuando finalmente logré asimilar ese torbellino, me derrumbé por completo...

Recuerdo aquellos días como si fueran una niebla espesa. No tenía ganas de nada. Todo me pesaba. La cama era mi refugio y mi cárcel. Mis pensamientos no paraban, y lo peor es que no me llevaban a ningún lado. Lloraba sin saber cuándo había empezado. Me sentía culpable, vacía, enfadada. Como si algo dentro de mí hubiese muerto... y lo peor es que no sabía cómo revivirlo.

Sin dudarlo, lo que más rabia me daba era eso: *cuando mi cabeza no paraba de proyectar escenas de lo que un día fuimos... porque por mucho que yo intentara avanzar, mi mente seguía anclada a un pasado que ya no existía.*

A veces me sorprendo deseando que lo vea. Que se dé cuenta de todo. De lo que perdió. De lo que fue y ya no es. De lo que solo pasa una vez en la vida y a veces ni siquiera te das cuenta hasta que ya no puedes volver atrás.

Pero también sé que, aunque duela reconocerlo, tenía que aprender sin mí, sin mi guía, sin mi presencia, sin mi amor sosteniéndole los días...

Y por mucho que me partía, por mucho que me quemaba, entendí que hay verdades que no se pueden evitar. Y esta es una de ellas: *hay almas que se encuentran, se reconocen y se aman intensamente, pero no pueden quedarse juntas.*

No porque no haya amor, sino porque ese amor, cuando se vuelve desbalanceado, comienza a destruir en lugar de construir. Porque para estar juntos de verdad, los dos tendríamos que haber sanado heridas que aún sangraban, y eso... ya era imposible.

Éramos dos fuegos que se encendían el uno al otro, pero también nos quemábamos sin querer.

Y al final entendí que el amor no debería doler así. Que no era yo quien tenía que desaparecer para que el otro se encontrara. Que jamás debí apagar mi luz para que él brillara.

Pero a veces, justo ahí, cuando ya no queda nada que sostener... nace algo nuevo. Algo pequeño. Una semilla. En medio del dolor más crudo, empecé a mirar hacia dentro. No fue un clic mágico, fue una decisión cansada pero firme: no podía seguir así. No podía seguir esperando que el mundo o alguien más viniera a rescatarme. Tenía que empezar yo.

Y sí, sigo pensando que después del accidente vi caer muchas máscaras. Demasiadas. Y no solo las de los demás: también la mía, la cual estuve manteniendo para encajar, para agradar, para no incomodar...

Vi verdades que antes no podía ver. Gente que no era quien decía ser. Intenciones disfrazadas de afecto. Lealtades que solo existían cuando no dolías.

Y me di cuenta, tarde, de que no sabía en qué me estaba metiendo. Que había estado entrando en un lugar oscuro creyendo que era refugio y, aunque me doliera, también entendí que a veces perderlo todo es la única forma de encontrarte.

Me aferré a lo poco que me quedaba: mi dignidad, mi intuición, mi deseo de volver a encontrarme. Y poco a poco empecé a tomar pequeñas decisiones. Cuando me venía abajo, intentaba no dejar que la tristeza me arrastrara del todo. Salía a caminar. Me compraba algo bonito. Veía un atardecer. No eran grandes actos, pero eran míos. Y lo mejor: los hacía sola.

Aprendí a no huir tanto del dolor, sino a observarlo. A veces le hablaba en voz alta: «Ya sé que estás aquí, pero hoy no vas a gobernarme». Me di cuenta de que había cosas que no iba a entender nunca, respuestas que no iban a llegar, y empecé a dejar de buscarlas. Era agotador, así que solté, no con facilidad, pero sí con intención.

Empecé a hablarme bonito. A mirar al futuro con esperanza. A pensar: «¿Y si lo mejor aún está por venir?». Porque sí, estaba hecha pedazos, pero seguía viva y luchando. Y eso ya era un comienzo.

Tal vez tú también has tocado fondo. Tal vez estás en ese punto en el que todo se siente demasiado. En el que lo que ayer te hacía feliz hoy solo te rompe. En el que ni siquiera reconoces tu reflejo. Pero escúchame bien: ese no es tu final. *No importa cuán oscuro sea el momento. El hecho de que estés aquí, leyendo esto, dice mucho de ti.*

Porque el fondo no es el final. Es el lugar desde donde empiezas a construirte con más verdad. Desde donde dejas de mentirte. Desde donde dices «basta» y, aunque no sepas cómo seguir, decides seguir. Y eso, créeme, ya es volar un poco.

Nadie te enseña a levantarte cuando el alma pesa más que el cuerpo. Nadie te explica cómo poner en orden un corazón hecho pedazos. Pero tú puedes. Porque dentro de ti hay más fuerza de la que crees. Más luz de la que imaginas. Solo necesitas empezar por una cosa: *elegirte*. Incluso cuando no sepas cómo hacerlo del todo bien, hazlo igual.

¿Has sentido que no puedes más? ¿Has querido rendirte? Entonces hazte esta pregunta:

¿Y si justo después de este dolor empieza tu verdadera vida?

No estás roto para siempre. Estás transformándote. Las alas nuevas no crecen de la noche a la mañana, pero cada lágrima que limpias, cada pensamiento que detienes, cada vez que te eliges... es un paso más hacia ese vuelo que mereces.

Y recuerda esto, por si un día lo olvidas: *no es que el dolor te haya vencido. Es que el alma necesitaba parar para poder comenzar de nuevo.*

Y quizá ahora estás en ese punto. En ese espacio donde te preguntas si todo este sufrimiento tiene algún sentido. Donde los días se te hacen eternos y las noches más ruidosas que nunca. Donde incluso respirar duele. Y no sabes si estás sanando... o simplemente sobreviviendo.

Pero escucha esto: el dolor no es un castigo, es una señal. Una forma en la que tu alma grita para que le prestes atención. *¿La estás escuchando?* Porque muchas veces, lo que más te duele es justo lo que más necesita ser comprendido, sostenido, perdonado. No hay evolución sin incomodidad, no hay crecimiento sin caos.

Y aunque parezca injusto, hay veces en las que tienes que perderte para encontrarte. Caer para recordar que puedes levantarte. Romperte para volver a construirte desde una versión más consciente, más fuerte, más tú.

Te lo digo con el corazón en la mano: yo también creí que no saldría. Que el vacío iba a quedarse para siempre. Pero un día —y no sabría decirte cuál exactamente— algo en mí cambió. Fue muy sutil, como una brisa. Como una voz interna que dijo: *«Aún puedes. Aún estás a tiempo»*. Y esa voz, que al principio era tímida, se fue haciendo más fuerte.

Y ahora te lo pregunto a ti, quien seas leyendo esto:

¿Qué pasaría si decides creer en esa voz dentro de ti que dice que mereces algo mejor? ¿Y si este fondo es, en realidad, el primer peldaño hacia tu despertar?

Esta es tu señal, si es que la estabas pidiendo o tanto estabas esperando o buscando, ya es hora de elegirte...

Levantar no siempre es correr, a veces es simplemente sostenerse de pie un rato más. Es mirar al espejo y no entender aún quién eres, pero seguir ahí. Es elegirte incluso cuando todavía duele. Es no rendirte, aunque todo parezca perdido.

Y, créeme, cuando empieces a caminar, incluso con pasos torpes, te vas a sorprender. Vas a darte cuenta de todo lo que sobreviviste. De todo lo que construiste desde las ruinas. Vas a verte con amor. Con ese deseo que tanto esperabas. Y vas a entender por fin que ese dolor no vino a destruirte, vino a reconstruirte.

Porque a veces, sí... hay que caer. Pero también se puede renacer. Hay personas que están acompañadas... pero se sienten solas, que están rodeadas de voces, pero ninguna logra callar el ruido de su mente.

Que tienen una vida que desde fuera parece completa, pero por dentro todo se siente vacío.

Y si tú estás leyendo esto y sientes que te hablo a ti, es porque tal vez también conoces ese silencio incómodo. Esa sensación de estar perdido sin saber cómo volver a ti. Ese nudo en el pecho que no se va con palabras ni con distracciones. Ese pensamiento constante de que algo te falta... aunque no sepas exactamente qué.

Puede que no lo digas en voz alta. Que sonrías para que nadie note lo que pasa dentro. Que incluso tú te hayas convencido de que «estás bien», cuando en realidad, no te reconoces... Y a veces eso es lo más duro del dolor: no lo que sientes, sino el no saber qué hacer con eso.

¿Dónde se guarda la tristeza que no se puede explicar? ¿Qué haces con las ganas de rendirte cuando sientes que ya lo has intentado todo? ¿Cómo se sobrevive cuando no entiendes por qué vivir? Posibles preguntas que te hayas hecho...

No todos los que tocan fondo lo hacen con lágrimas. Algunos caen en silencio. Con días iguales, con rutinas vacías, con miradas perdidas.

Y en medio de todo eso... aparece una pregunta que pesa más que todas las demás: «¿Y ahora qué?».

Y puede que tú tampoco tengas la respuesta todavía. Puede que no sepas ni por dónde empezar, y está bien, de verdad, está bien porque a veces no se trata de entenderlo todo. A veces se trata simplemente de aguantar un poco más. De darte el permiso de no tener claridad, pero seguir caminando, aunque sea despacio, de dejar de buscar respuestas fuera y empezar a escucharte desde dentro.

Y de entender que buscar ayuda no es para débiles, es un acto muy grande, y si estás pensando en pedir ayuda, esta es tu señal, esa que puede que hayas estado esperando o reclamando, aquí la tienes, eres fuerte, y te aseguro que todo irá mejor.

No estás roto por sentirte así. No estás mal por necesitar ayuda. No eres débil por no encontrarle sentido a nada. Eso también es parte del proceso, ese también es el fondo... y desde ahí también se puede salir.

Porque no todos los duelos tienen la misma forma. No todos los dolores se manifiestan igual. Pero hay algo que todos comparten: el derecho a reconstruirte. A respirar distinto. A volver a empezar desde lo más mínimo.

Yo viví también esa fase, de preguntarme «*¿Qué hago, cómo empiezo si no le veo el sentido a nada?*», era así casi todos los días, haciéndome esa pregunta, no le veía el sentido a nada y no sabía cómo seguir caminando, sentía que me hundía, que tocaba fondo... era tan horrible... pero me ayudó a ver todo con otra perspectiva.

Y si sientes algo similar, que te identificas con algo que dije, déjame decirte algo que ojalá alguien me hubiera dicho antes: aún puedes. Aún hay dentro de ti una parte que quiere salvarse. Y esa parte es suficiente. Porque, aunque te sientas solo, no lo estás, aunque no veas la salida, llegará; y aunque sientas que ya no tienes ni sientas nada, tú sigue dándolo TODO.

Y poco a poco, con aprendizajes y el tiempo, vas a darte cuenta de algo muy poderoso: no necesitas tener todas las respuestas para empezar a sanar. Solo necesitas una pequeña decisión: *no rendirte contigo.*

Hay momentos en los que, aunque estés rodeado de personas, sientes que nadie realmente te ve. Hablas, sonríes... pero dentro de ti todo sigue igual: oscuro, confuso, pesado. Estás en medio de todos, pero sigues sintiéndote solo. *¿Cómo se sale de ese lugar? ¿Cómo volver a encontrar un sentido cuando parece que nada importa?*

Tal vez no necesites más palabras. Quizá lo que más anhelas es un espacio donde puedas sentir sin ser juzgado, donde puedas llorar sin prisa, donde no tengas que fingir que estás bien.

No te apresures a «estar mejor» de golpe e ir deprisa por estarlo, no te presiones a entenderlo todo ahora. Valida lo que sientes. Permítete estar mal, sin cargar con la culpa de no estar bien todavía, no necesitas tenerlo todo claro. Lo único que necesitas, por ahora, es *no soltar tu propia mano*.

Dite:

«Hoy me acompaño, aunque no entienda cómo salir de esto».
«No me abandono, aunque me sienta perdido».
«No necesito fingir fuerza. Mi tristeza también es válida».

Tu dolor no te hace débil, tu confusión no te hace menos y tu silencio no significa que estás fallando.

Tal vez nadie más lo ve, pero tú sabes todo lo que estás aguantando por dentro.

Y aunque ahora te cueste creerlo, todavía hay caminos por andar, momentos por descubrir, emociones nuevas que no has sentido... y sí, incluso personas nuevas que sabrán quererte bien. Pero ese viaje empieza con un pequeño acto de valor: elegirte a ti. A no rendirte contigo, sostenerte con la misma ternura que tantas veces ofreciste a otros.

Déjame decirte algo con el corazón: voy a ayudarte. Voy a darte los consejos que a mí me hubiera gustado que alguien me diera cuando sentía que no podía más. No porque yo tenga todas las respuestas, sino porque ya pasé por ahí. Porque sé lo que es tocar fondo y pensar que no hay salida... y también sé lo que es mirar hacia atrás y agradecer no haberme rendido.

Recuerda esto: no necesitas tener todas las respuestas para seguir adelante. Solo necesitas decidir que, aunque hoy duela, no vas a dejar de caminar hacia ti.

No te diré que va a ser fácil. Tampoco te prometeré que mañana ya no dolerá. Pero hay cosas que aprendí a fuerza de caer tantas veces...

Primero: *no te pelees con lo que sientes.*

Cuanto más intentas evitar una emoción, más fuerza toma. El miedo, la tristeza, la rabia... todas vienen a decirte algo. No están ahí para hacerte daño, sino para mostrarte qué parte de ti necesita atención. Si eres de los que evita lo que siente, en algún momento pasará factura. Aparecerá el doble de dolor, el efecto rebote: es muy probable que explotes por dentro con todo lo que llevas acumulado. Por eso, lo más sano no es huir, sino entenderte. Hacerte preguntas, escucharte de verdad y empezar a descubrir qué necesitas para estar bien.

Por ejemplo, pregúntate: *«¿Qué estoy necesitando ahora? ¿Qué me está pidiendo esto que siento?».*

Segundo: *tu valor no desaparece por atravesar un momento difícil.*

Tú no eres menos por no tener respuestas. No estás atrás, no estás fallando. A veces, el verdadero avance es simplemente levantarte de la cama, darte una ducha, comer algo. Y eso también es cuidarte. No lo subestimes, si no sabes por dónde empezar, empieza por ti.

Por ejemplo, haz una lista con las cosas que te gustaría cambiar, pero también con las que ya están bien en ti. Léela cada día. Recuérdate tus fortalezas, aunque hoy no las veas del todo. A veces, volver a ti comienza con algo tan simple como escribirte con amor.

Tercero: *no idealices lo que perdiste.*

Cuando estamos dolidos, tendemos a recordar solo lo bonito. Y eso es una trampa. Idealizar el pasado no te deja construir un presente. Si duele tanto, no es solo por lo que fue, sino también por lo que no fue. Sé honesto con esa parte.

Cuarto: *empieza a recuperar los pequeños placeres.*

No todo lo que te sana tiene que ser enorme. A veces, algo tan simple como preparar tu comida favorita, caminar sin rumbo, escribir lo que sientes o poner una canción que te abrace puede marcar una diferencia. Lo pequeño, repetido con amor, se vuelve grande.

Quinto: *no necesitas entenderlo todo ahora.*

El sentido llega más tarde, ahora solo tienes que estar. A veces, sanar es simplemente no hacerte más daño. Cuidarte como cuidarías a alguien que amas profundamente. Respirar, soltar exigencias, hacer espacio. El resto llega solo, con el tiempo.

Y, por último: *deja que el dolor te transforme, no que te cierre.*

Tú puedes usar este momento para descubrir una parte de ti que nunca habías tocado. No para fingir que estás bien, sino para empezar a construirte desde un lugar más real, más tuyo, más libre.

Hay caminos que solo puedes andar tú, pero no tienes que hacerlo todo hoy. No tienes que demostrar nada. No debes tener prisa.

Solo elige quedarte contigo. Un día más.

Hay cosas que a mí me hubiese gustado que alguien me dijera cuando estaba en un lugar parecido al que tú estás ahora, y quiero compartirlas contigo. No te las doy como recetas mágicas, sino como una mano que te tiendo desde la experiencia, desde ese momento oscuro que tuve que atravesar yo sola para poder levantarme.

Sanar comienza en el silencio interno, en ese rincón donde decides resistir, aunque todo se tambalee, aunque el cansancio te abrume. Sé que hay días en los que la soledad pesa más que nunca, en los que parece que nadie puede comprender el peso que cargas, y que incluso tú mismo te pierdes buscando la salida. Yo he estado en ese lugar oscuro, igual que tú, y te entiendo tanto, porque sé lo complicado que puede ser...

Lo primero que aprendí fue a hablarme con ternura, a no ser mi propia enemiga. A entender que el dolor no es un castigo ni un defecto, sino una señal de que algo dentro necesita atención. *¿Te has detenido a escucharte sin juzgarte?* Esa fue la puerta que me permitió sanar.

También descubrí que está bien no saber todo ahora, que la incertidumbre puede convivir con la esperanza. Que no siempre podemos controlar lo que sentimos, pero sí podemos decidir qué hacemos con ese sentir. *¿Qué pasaría si hoy te dieras permiso para sentir sin prisa?*

No te prometo que será fácil ni rápido, pero sí te aseguro que cada pequeño paso, cada gesto de cuidado hacia ti mismo, es un acto de valentía. Que levantarte después de caer no significa tener una fuerza inmensa, significa quererte lo suficiente como para intentarlo, aunque sea despacio, aunque sea con miedo.

Y si te preguntas cómo empezar, mi consejo es simple: *obsérvate con la misma paciencia que le darías a una flor que lucha por abrirse en un terreno difícil.* No la presiones, no la compares, solo acompáñala. Porque el brillo más hermoso nace de esas raíces que, aunque lastimadas, siguen vivas y con ganas de crecer.

A veces, aunque sepamos que alguien nos hizo daño, sentimos que sin esa persona no somos nada, que en su ausencia hay un vacío que parece imposible de llenar.

Es normal sentir esa necesidad, porque el apego duele y confunde. El corazón insiste en buscar aquello que conoce, aunque eso duela.

No eres raro por necesitar a quien te lastimó. Eso solo muestra que el vínculo fue profundo, que esa persona fue parte importante de tu vida. Pero también es una señal para mirar con cuidado qué parte de ti aún se aferra a esa historia, a esa compañía, aunque te lastime.

La verdad es que sanar no es borrar ese querer, sino entenderlo, abrazarlo con honestidad y decidir que tu bienestar merece ser prioridad. Que el amor que mereces no debe doler ni dejarte con más heridas abiertas.

Cuando sientas esa urgencia de volver, pregúntate: *¿Qué parte de mí está asustada?*

¿Qué estoy buscando realmente en esa persona? ¿Es amor o miedo?

Reconocer esas preguntas es el primer paso para empezar a soltar, para empezar a ponerte a ti en el centro, aunque aún duela. Porque el camino hacia ti es donde encontrarás, poco a poco, la fuerza para no depender de nadie que no te valore de verdad.

Cuando estás en el fondo, las emociones parecen un torbellino que no se detiene. Y a veces, ese torbellino se alimenta de un viejo amigo que no siempre es fácil de ver: *el apego.*

Quizás has sentido que necesitas a alguien, aunque esa persona no haya sido buena para ti. O que, a pesar del daño, hay una voz interna que te dice: «No puedo estar sin él o ella». Esa es la voz del *apego ansioso*, que se aferra por miedo a perder, por no querer quedarse solo, aunque duela.

O puede que te descubras alejándote justo cuando más necesitas apoyo, cerrándote como si ser vulnerable fuera un riesgo demasiado grande. Esa es la sombra del *apego evitativo*, que protege el corazón con distancia, pero al hacerlo, a veces se siente más vacío.

O tal vez también te hayas sentido atrapado en una montaña rusa emocional, queriendo acercarte, pero huyendo al mismo tiempo, sintiendo amor y miedo en la misma respiración. Esa es la herida del *apego desorganizado*, donde lo que deseas y lo que temes se confunden, y el vínculo se convierte en una lucha interna constante entre el querer y el protegerse.

No eres raro ni estás exagerando. Es parte del aprendizaje que llega cuando te permites mirar con honestidad lo que te ata. *¿Qué es eso que te hace querer aferrarte o huir? ¿De dónde viene ese miedo que hace que quieras seguir, aunque duela?*

Reconocer esos patrones no es fácil, porque están tejidos en nuestra forma de amar y de protegernos. Pero, al verlos, se abre una puerta para empezar a soltar. No para olvidar, sino para elegir con conciencia, para decidir que tu bienestar es tan importante como ese vínculo que creías indispensable.

Y aquí viene la parte más poderosa: aprender a ser ese refugio para ti mismo. A sentir que, aunque a veces quieras volver a ese abrazo, también mereces paz, respeto y cuidado genuino. Porque nadie puede llenar ese espacio mejor que tú.

Cuando el apego te tiene atrapado en ese vaivén entre querer y alejarte, la ayuda más real y efectiva nace desde adentro. No se trata de forzarte a «olvidar» o «superar» rápido, sino de empezar a entenderte con ternura.

Primero, permite sentir lo que venga. No luches contra el miedo a perder ni contra la necesidad de estar cerca. Esas emociones te están diciendo algo importante sobre lo que anhelas y lo que duele.

Después, hazte preguntas que te conecten con tu verdad, aunque duelan un poco: *¿Qué es lo que realmente necesito en este momento? ¿Estoy buscando a alguien para que me calme el miedo o para compartir alegría? ¿Cuándo me siento más en paz conmigo mismo?*

Aprender a responder esas preguntas sin juzgarte es un acto de valentía que abre camino a tu propia libertad emocional.

También es vital que te conviertas en tu propio refugio. Imagina qué dirías a un amigo que está pasando por lo mismo. *¿Cómo lo cuidarías?* Ahora ofrécete esas mismas palabras y gestos a ti mismo. Eso no es egoísmo; es sanar desde la raíz.

Y cuando sientas ese impulso de aferrarte o huir, detente un instante. Respira profundo y recuerda que el primer paso para cambiar esos patrones es observarlos sin culpa. Así, poco a poco, empiezas a elegir qué relaciones y qué emociones te nutren y cuáles solo te desgastan.

No es un camino fácil ni rápido, pero cada pequeño paso es una victoria hacia ese lugar donde tu brillo no dependa de nadie más.

Y así, querido lector, caer no es el fin, sino el despertar. Romperse duele, sí, pero es en esa fractura donde comienzan a filtrarse los rayos de luz que te guiarán a levantarte. No hay un camino perfecto ni un tiempo exacto para sanar; solo hay tu paso, con todas sus dudas y fuerzas. Permítete sentir, crecer y reconstruirte con paciencia y ternura. Porque tus alas están allí, esperando el momento de desplegarse y llevarte a lugares que ni siquiera imaginas. Sigue adelante, que el amanecer siempre llega después de la noche más oscura.

11

El instante en que todo cambió

El clic interno, cuando dije «basta»

Hay un instante, a veces breve, otras veces largamente esperado, en el que algo dentro de ti se rompe y al mismo tiempo se reconstruye. Es ese momento silencioso donde decides dejar de sobrevivir y empezar a vivir de verdad. Ese instante en que pronuncias, aunque sea en susurros, un «basta» que cambia todo.

En mi historia, ese clic no llegó con fuegos artificiales. Fue una voz pequeña pero firme que me susurró que ya no podía seguir cargando con tanto peso. Que merecía algo más. Que estaba cansada de sentirme prisionera de mis propias dudas y miedos. Quizá tú también has sentido algo parecido sin darte cuenta.

Y aunque esa chispa no fue un estallido ruidoso, sí fue lo bastante clara como para mostrarme una verdad que ya no podía seguir ignorando: lo nuestro había empezado a doler más de lo que curaba. Y fui yo quien, con la voz temblando pero firme, tomó la decisión más difícil: cortar la situación de raíz.

No porque no le hubiese querido, sino porque ya no podía seguir así. Ni él era el que fue al principio, ni yo era la misma. Nos habíamos convertido en dos almas extrañas que, aun así, seguían vibrando. Pero por mucho que doliera, había que hacerlo.

Y sigo creyendo que fue la mejor decisión para ambos. Lo hice como supe, con respeto, con verdad y con toda la sinceridad que fui capaz de sostener en ese momento.

A veces el «basta» se siente como un grito desesperado, otras veces como una suave caricia que llega justo cuando más lo necesitas. No importa cómo haya sido, lo valioso es que lo escuchaste. Que algo dentro de ti empezó a cambiar y a reclamar el espacio que mereces.

Este momento, aunque íntimo y personal, es el punto de partida para ese despertar del que te he hablado. Es el primer paso para dejar de cargar con las heridas como peso y empezar a mirarlas como parte de tu historia, no como una condena. Es el comienzo de un camino hacia ti, hacia la persona que estás llamada a ser, con todo lo que viviste, pero ya no desde el dolor, sino desde la comprensión.

¿Y sabes qué? No tienes que hacerlo todo perfecto ni rápido. El cambio verdadero es un proceso, a veces lento, a veces torpe, pero siempre valioso. Y cada vez que te escuches decir «basta» con amor hacia ti mismo, estarás acercándote más a tu libertad.

Ese instante en que dices «basta» no significa que todo sea fácil de repente. Más bien, es el comienzo de un camino nuevo, un camino donde empiezas a ponerte como prioridad, donde aprendes a escucharte con más cariño y menos juicio. Es la puerta que te invita a soltar lo que ya no suma y a abrirte a nuevas posibilidades.

Quizás sientas miedo o inseguridad, y eso está bien. El cambio no es sinónimo de confort inmediato, sino de valentía para enfrentar lo desconocido. ¿Has sentido esa resistencia interna, ese tirón que te dice: «*¿Y si no puedo?*»? Es natural. Pero recuerda que dentro de ti hay una fuerza que a veces solo despierta en los momentos más difíciles.

Cuando tomas esa decisión firme, empiezas a descubrir otras formas de verte a ti mismo y al mundo que te rodea. Ya no eres solo el reflejo de lo que otros esperan o de las heridas que cargaste por años. Eres alguien que puede elegir, que puede decidir qué merece y qué no, que puede construir su propio bienestar desde la autenticidad.

Y aquí te pregunto: *¿Qué pequeño paso puedes dar hoy que te acerque a ese bienestar?* No tiene que ser grandioso, solo un gesto amable contigo mismo, una decisión sencilla que diga «me respeto, me valoro, me escucho».

Recuerda que ese clic interno, ese «basta», es un acto de amor propio. Es la señal de que estás listo para cuidarte de verdad, para reconstruirte con paciencia y compasión.

No estás solo en esta búsqueda, pero la llave la tienes tú. Y cada vez que elijas avanzar, aunque sea con miedo, estarás escribiendo un capítulo nuevo en tu vida, uno que merece ser vivido con brillo y esperanza.

Yo, como mencioné anteriormente, después de ese accidente que me sacudió hasta lo más profundo, sentí que ya no podía seguir como antes. No me sentía valorada ni respetada, y algo dentro de mí gritaba que era hora de ponerme en primer lugar.

Confieso que fue un momento de mucho miedo, porque nunca antes me había enfrentado a mí misma de esa manera. Pero, al mismo tiempo, había una extraña calma y una sensación de alivio al dar ese paso. Sabía que cada pequeño acto de valentía era un avance hacia mi bienestar, y eso me hacía sentir viva.

Quizás tú también has tenido ese instante, aunque aún no lo reconozcas. Ese clic interno que te dice: basta. Un momento que puede llegar con miedo, confusión, dudas, pero también con la promesa de un nuevo comienzo. *¿Lo has sentido alguna vez? ¿Qué te detiene para dar ese paso hacia ti?*

Para mí, lo siguiente fue enfocarme en mí misma sin dudar. Comencé a trabajar en mi sanación, a definir qué quería y qué no quería para mi vida. Me veía como una flor marchita a punto de caer, pero aún con una chispa de esperanza que me mantenía viva. Fue ese resquicio de luz el que me permitió empezar a renacer.

No voy a negar que tuve ayuda; una muy gran amiga fue un faro que me mostró el camino cuando mis ojos estaban cerrados. Pero al final, la decisión fue mía. Esa última batalla, esa última palabra, siempre la tienes tú. Porque nadie puede luchar por ti, aunque sí pueden acompañarte en el camino.

¿Y tú? ¿Qué estás dispuesto a dejar atrás? ¿Qué parte de ti necesita ese clic para despertar? No temas a ese momento. Es el inicio de tu vuelo.

Después de tomar esa decisión, la transformación no fue inmediata ni lineal. Hubo días en que me sentí fuerte y segura, y otros en los que las dudas y el miedo volvían a aparecer, intentando convencerme de que todo sería mejor si volvía atrás. Pero aprendí a reconocer esos pensamientos y a no dejarme dominar por ellos.

Poco a poco, fui reconstruyendo mi autoestima, poniendo límites que antes no sabía ni que existían. Cada pequeño logro se convirtió en una victoria personal, y aunque el camino fue duro, me sentía orgullosa de mí misma por haber tomado el control de mi historia.

Quizás te preguntes cómo dar ese primer paso cuando el miedo paraliza. No tienes que hacerlo todo de golpe. Empieza por algo pequeño: una palabra amable hacia ti mismo, un acto de cuidado, un «no» que antes no te atreviste a decir... Eso es empezar a levantarte.

Recuerda que el cambio verdadero no es fácil ni rápido, pero es posible. Y aunque a veces sientas que caes, no significa que estés perdiendo la batalla. Caer también es parte del proceso. Lo importante es que cada vez que caigas, te levantes con más fuerza.

¿Y tú? ¿Cuál es ese primer paso que hoy puedes dar hacia tu propia sanación? ¿Qué te estás diciendo que no te permite avanzar? Date permiso para empezar de nuevo, sin juicios, sin prisas. Tu vuelo comienza en ese instante.

En ese proceso también descubrí que no estaba sola dentro de mí misma. Había una voz interna que, aunque a veces se escuchaba débil o apagada, estaba ahí, dispuesta a guiarme. Aprendí a escucharla con paciencia, sin juzgarla, sin exigirle respuestas inmediatas.

Ese diálogo interno fue mi refugio y mi motor. Porque la verdadera fuerza no viene de afuera, sino de ese espacio íntimo donde nos aceptamos tal como somos, con nuestras luces y sombras. Y es ahí donde se produce el clic, ese instante en que decides que mereces algo mejor, que mereces vivir sin miedo ni ataduras.

No se trata de ser perfecto ni de tener todo resuelto. Se trata de ser valiente para reconocerte, para abrazar tu verdad, por dura que sea. Es un acto de amor hacia ti mismo que puede transformar cada día.

Quizás aún te preguntes: *¿cómo reconocer ese momento en que estás listo para cambiar?* A veces es un susurro, otras un grito. Pero siempre es una sensación profunda, una inquietud que no te deja seguir igual. Esa es tu alma pidiéndote que despiertes.

Y aunque el camino sea incierto, recuerda que cada paso que das, por pequeño que sea, te acerca más a la libertad que buscas. No estás destinado a quedarte en el mismo lugar, y esa elección está en tus manos.

Entonces... ¿estás dispuesto a escucharte hoy? ¿A darle espacio a esa voz que sabe lo que necesitas? El primer paso hacia tu renacer está justo en esa decisión.

Entonces, aprendí a escuchar mis emociones sin juzgarlas, a reconocer mis miedos sin dejar que me dominaran. Comprendí que el cambio no era una meta lejana, sino una serie de decisiones diarias, a veces pequeñas, a veces enormes. Y que cada vez que elegía cuidarme, me acercaba más a la versión de mí que anhelaba ser.

Durante mucho tiempo creí que sanar significaba olvidar, dejar atrás sin mirar. Pero entendí que sanar es permitir que cada parte de ti, incluso la que duele y se resiste, sea bienvenida. Es abrazar tus sombras para que la luz pueda filtrarse a través de ellas.

Y en esa aceptación me encontré con mi propio poder, con una voz interna que me dijo: «Puedes con esto. Mereces ser feliz. El futuro es tuyo para crearlo».

¿Te has dado permiso para ser esa persona que cuida de sí misma con paciencia y amor? ¿Has dejado de buscar afuera la aprobación o las respuestas que solo tú puedes darte?

Ahora, cada día que avanzo lo hago con la certeza de que, aunque las heridas sigan presentes, mi decisión de no dejarme vencer es más fuerte. Y eso, pequeño lector, es el verdadero cambio.

Ese clic interno que marca el inicio del cambio no llega siempre de la misma manera ni en el mismo momento para todos. A veces es un día común, una conversación inesperada, un pensamiento fugaz que se instala con fuerza. Otras veces, es el resultado de haber tocado fondo tantas veces que no queda más opción que levantarse.

Para mí, fue una mezcla de miedo y esperanza. Miedo a perderme en la oscuridad y esperanza de encontrarme de nuevo, más fuerte y auténtica. Aprendí que decir «basta» no significa ser perfecta o no caer nunca más, sino tener el coraje de seguir adelante a pesar de las caídas.

En ese proceso, también me di cuenta de que no se trataba solo de cambiar mi entorno o las personas que me rodeaban, sino de transformar mi relación conmigo misma. Dejar de sabotearme con dudas o culpas y empezar a ser mi mejor aliada.

Y así, ese instante en que todo cambió se convirtió en el punto de partida de un viaje profundo hacia mí misma. Un viaje donde aprendí que la verdadera fuerza no está en nunca caer, sino en tener la valentía de levantarse una y otra vez.

Hoy, con cada paso que doy, celebro esa decisión de decir «basta» y ponerme en primer lugar. Porque entendí que merezco paz, amor y respeto, empezando por mí.

Por eso hoy te invito, a ti que lees, a buscar ese instante dentro de ti. Ese momento donde puedas decir con sinceridad: «Voy a empezar a cuidarme, a respetarme, a elegir mi bienestar». Porque ese es el primer paso para cualquier transformación verdadera.

No es un camino fácil ni rápido, como ya dije. Habrá días de frustración, de nostalgia, de incertidumbre. Pero también habrá días de luz, de crecimiento, de amor propio que te sorprenderá.

Recuerda siempre: la decisión más valiente que puedes tomar es la de priorizarte, de escucharte y de amarte, incluso cuando todo parezca difícil.

Si estás en ese momento de duda o miedo, recuerda que el cambio es posible y que dentro de ti está esa chispa esperando encenderse. Solo necesitas creer que puedes y dar el primer paso. El resto vendrá con el tiempo.

12

Soltar lo que pesa, abrazar lo que queda

El proceso real de soltar, perdonar y sanar

No hubo un día exacto. No fue de golpe. No amanecí una mañana con el alma ligera y el corazón en paz. Fue más bien una suma de pequeños momentos, casi invisibles, pero constantes. Cada vez que me decía a mí misma: «no quiero vivir así». Cada vez que, en lugar de quedarme en la cama, salía a caminar con mi música. Escribía lo que dolía en un papel y luego lo quemaba, como un ritual de renuncia silenciosa. Cada una de esas veces fue un paso más hacia mí.

Soltar no fue olvidar. Ni borrar. Ni negar. Soltar fue mirarlo todo con los ojos bien abiertos y decir: «esto ya no puede acompañarme más». Y al principio, sí, dolía. Porque cuando te aferras a algo durante tanto tiempo —aunque te lastime— soltarlo se siente como perder una parte de ti.

Lo más difícil no fue dejar ir a la persona. Fue dejar ir lo que imaginé. Todo eso que «pudo haber sido» si las cosas hubieran salido de otra manera. Las conversaciones que soñé, los finales que nunca llegaron, los abrazos que no existieron, las versiones de nosotros que idealicé. Soltar fue, también, romper esa fantasía para abrazar una verdad que costaba mucho mirar.

Y luego vino el perdón. Esa parte tan íntima y delicada que casi nadie te enseña cómo transitar. Perdonar no fue justificar. No fue minimizar lo que me hicieron. Tampoco fue quedarme en silencio. Fue reconocer lo que me dolió… pero decidir que ya no quería que ese dolor dirigiera mi historia. Y sí, me costó mucho más perdonarme a mí que perdonar al otro. Porque cargaba con una culpa que no me correspondía del todo. Porque me juzgaba por no haber salido antes, por haber aguantado tanto, por haberme callado tanto. Y perdonarme fue una forma de volver a abrazarme.

¿Y sabes qué? Que a veces todavía se asoma algo. A veces aún me cuesta soltar las expectativas del futuro, esa necesidad de entender todo, de obtener respuestas claras, de cerrar la historia con puntos y comas, a veces me encantaría saber la verdad completa, sin filtros. Pero he aprendido que no siempre se puede. Que hay verdades que nunca llegan… y, aun así, podemos seguir.

Soltar no es una puerta que se cierra de un portazo. Es una ventana que vas abriendo poco a poco, dejas entrar aire nuevo, luz, espacio. Y, de pronto, empiezas a respirar distinto. Más libre. Más fluido. No porque todo esté resuelto, sino porque ya no cargas con lo que no te corresponde.

No sé exactamente qué es eso que tú necesitas soltar. Tal vez sea alguien, tal vez una culpa, una promesa rota, un recuerdo que no se va o incluso una parte de ti que ya no te representa. No lo sé… pero sé que pesa. Y sé lo mucho que agota llevar algo dentro que ya no encaja contigo, pero al mismo tiempo no sabes cómo soltar.

Y no, soltar no es olvidar, no es fingir que no pasó, ni hacer como si nada dolió. Soltar es mirar eso que duele, reconocerlo… y, aun así, decidir que no vas a vivir atado a ello para siempre.

A veces soltar no es un gran momento dramático, a veces es elegir, cada día, dar un pasito hacia ti. Es salir a caminar para despejar la mente, escribir lo que llevas dentro, aunque nadie lo lea, decirte una frase bonita, aunque no te la creas del todo... pero insistir. Es dejar de preguntarte «¿y si hubiera sido diferente?» y empezar a pensar en lo que quieres para ti ahora.

Es verdad que soltar cuesta. Porque una parte de ti cree que, si sueltas, entonces todo habrá sido en vano, pero no es así. Nada fue en vano si hoy te está ayudando a crecer, aunque duela.

Tal vez tú también estás en ese punto, en el que ya no quieres seguir sintiéndote tan vacío, tan apagado, tan atrapado. En el que sabes que necesitas salir de ahí, aunque no tengas ni idea de por dónde empezar.

Pues empieza por escucharte, por darte espacio, por dejar de exigirte respuestas y simplemente darte tiempo.

Pregúntate: *¿Por qué sigo sosteniendo algo que ya no me hace bien? ¿Qué pasaría si hoy, aunque sea solo un poco... lo suelto?*

Y suelta, sin prisa, sin obligarte, sin tener que estar bien de golpe. Suelta como puedas, pero no dejes de intentarlo. Porque tu paz vale más que cualquier historia que no se dio como esperabas.

Y cuando lo hagas, cuando empieces a vaciar el alma de lo que ya no va contigo, vas a ver algo hermoso: que dentro de ti aún hay luz, aún hay vida, aún hay amor por darte. Aunque ahora no lo veas tan claro, está ahí. Solo espera que lo abraces. Soltar también es eso: *elegirte.*

Soltar también me enfrentó a una de las cosas más duras: darme cuenta de que una parte de mí seguía esperando que todo volviera a ser como antes. Y eso me hacía recaer. Aunque en la superficie yo ya estuviera haciendo todo «lo correcto», en el fondo había una esperanza disfrazada de ilusión. Me costó muchísimo mirar esa parte con honestidad. Reconocer que, a veces, incluso el dolor se vuelve una zona conocida a la que volvemos porque nos da miedo el vacío.

Pero el vacío no siempre es el enemigo. A veces es el espacio que necesitábamos para reconstruirnos con calma, sin las presiones del pasado... Me di cuenta de que no podía perdonar a nadie más si antes no me perdonaba a mí. Por haberme quedado demasiado, por haberme fallado, por haber querido convencer al otro de que me quisiera como yo necesitaba.

Perdón por todo eso... y gracias también, porque sin esas caídas no habría conocido mi fuerza.

Soltar es también aprender a ver los recuerdos como lo que son: imágenes de algo que fue, no promesas de lo que vendrá. Al principio, cada recuerdo era una puñalada. Pero luego, se volvieron más suaves, más lejanos, y los dejé estar sin tener que revivirlos ni bloquearlos, los miré sin huir. Porque eso también es sanar: dejar de luchar contra la memoria y empezar a vivir con ella sin que te duela.

Y una parte muy importante del proceso fue darme el permiso de volver a confiar en mí. Ya no como la persona rota que sobrevivió, sino como la mujer que elige con conciencia, que no idealiza, que sabe lo que quiere y lo que no está dispuesta a volver a permitir. Porque sí, es cierto: no solté de golpe, pero me solté a mí de lo que me ataba.

¿Y tú? ¿Todavía te estás culpando por cosas que hiciste desde el amor o el pasado?

¿Estás esperando una explicación que tal vez nunca llegue? ¿Tratando de reconstruir un futuro con las piezas rotas de un pasado que ya no encaja contigo?

Está bien sentirlo todo. Está bien no saber por dónde empezar. Pero también está bien decidir que ya no quieres seguir arrastrando ese peso, empieza por un acto pequeño: habla bien de ti, descansa, llora si lo necesitas, escribe.

Haz algo que te recuerde que estás vivo, porque no viniste aquí a quedarte en el mismo capítulo eternamente, viniste a cerrar, a aprender... y a escribir una historia nueva. Y soltar, aunque duela, porque esa es la llave.

Y por eso, querido lector, quiero que entiendas que soltar también es mirar eso que un día te rompió... y decidir que ya no te va a definir. Y no pasa de un día para otro. No es una línea recta ni un momento de iluminación eterna, es un proceso, lleno de idas y vueltas, de pequeñas conquistas invisibles que solo tú sabes lo que costaron.

Pero en cada una de esas veces que decides no volver atrás, en cada instante donde eliges tu paz por encima de tu apego, algo dentro de ti sana sin hacer ruido. Y eso, aunque el mundo no lo vea, es una victoria, es tuya y basta con eso.

No tienes que demostrar nada a nadie, solo vivir, crecer, aprender, equivocarte... y seguir soltando todo aquello que ya no te sostiene, todo lo que pesa más de lo que aporta. Porque cuando por fin sueltas, no solo te liberas del otro, te rescatas a ti mismo y ahí, justo ahí, empieza de verdad la sanación.

13

Sanar, soltar, renacer

La verdadera reconstrucción emocional

Hay un momento, después del dolor más profundo, en el que de pronto algo cambia. No es euforia, no es plenitud... es una calma tímida. Una especie de paz que no hace ruido, pero que empieza a habitarte poco a poco.

No estás del todo bien, pero tampoco estás como antes. Y eso, aunque no lo parezca, ya es un enorme paso.

Aquí es donde muchos se pierden. Porque esta etapa es silenciosa, confusa, casi invisible. Ya no lloras cada día, ya no te ahogas de tristeza, pero tampoco sientes que hayas llegado a la meta. Estás reconstruyéndote, y aunque no se note por fuera, dentro estás moviendo mundos.

¿Será que ya sané?

¿Por qué sigo sintiendo nostalgia si decidí soltar?

¿Y si estoy retrocediendo sin darme cuenta?

Esas preguntas aparecen solas. Como una niebla que llega sin avisar. Pero tranquilo: no son señales de que vas mal, sino de que estás justo donde debes estar.

La verdadera reconstrucción emocional es una suma de pequeñas elecciones que haces cada día:

- Elige hablarte con respeto.
- Elige dejar de buscar explicaciones donde solo hay ausencias.
- Elige no volver, aunque haya momentos en los que lo extrañes todo.
- Elige seguir avanzando, incluso cuando parece que no pasa nada.

Sanar duele, pero también libera. Y es en este punto donde comienzas a ver lo que antes no veías: tu fuerza, tu capacidad de volver a ti y lo mucho que vales cuando decides cuidarte de verdad.

Hay un punto en el camino donde ya no estás en el fondo, pero tampoco te sientes completamente bien. No te ahogas, pero aún cuesta respirar con normalidad. Es esa fase intermedia donde ya no duele como antes, pero tampoco se ha cerrado del todo la herida. Donde ya entendiste que soltar era necesario, pero a veces algo dentro te sigue susurrando «¿y si...?». Y, justo ahí, en ese punto difuso entre el dolor que ya fue y la paz que aún no es, es donde nace la verdadera reconstrucción emocional.

No es una etapa ruidosa, no hay explosiones internas ni llanto desbordado. Hay silencio, una especie de pausa, una calma que a veces asusta porque no sabes si es estabilidad o resignación.

Y entonces empiezan a aparecer las preguntas internas del alma:

- ¿Estoy sanando o solo me estoy acostumbrando?
- ¿Realmente solté o solo aprendí a sobrevivir sin «X»?
- ¿Volveré a amar igual? ¿Quiero hacerlo siquiera?
- ¿Por qué me sigo acordando si ya no me duele tanto y pasó un tiempo?

Estas preguntas son normales y son parte del proceso. Lo que no es normal —ni sano— es exigirnos respuestas inmediatas. La reconstrucción emocional no es una carrera, es más bien una recolección lenta: de pedacitos, de certezas nuevas, de ganas suaves de volver a confiar...

A veces creerás que no estás avanzando. Pero *¿te has dado cuenta de que ya no revisas lo que esa persona hace? ¿Que ya no te pesa tanto escuchar ciertas canciones? ¿Que hay días en los que no piensas en aquello que antes dolía a diario?* Eso es sanar. Aunque no se note, aunque nadie más lo vea.

Consejo realista y necesario:

No se trata de reconstruirte como eras antes. Se trata de construirte como necesitas ser ahora. No desde el «volver a ser», sino desde el «ahora soy». Desde la versión que siempre deseaste, desde aquello que deseabas cambiar no por otros, sino por ti. Porque tú quieres y lo eliges. Porque ya no necesitas encajar en ningún molde antiguo, sino crear uno nuevo donde puedas respirar en paz contigo mismo.

Reflexión invisible:

No debes tenerlo todo claro, nadie lo tiene, aunque lo parezca, hay cicatrices que tardan en explicarse. Hay partes de ti que aún se están recolocando, y está bien que tarden lo que tengan que tardar, no estás fallando por ir más lento. No todo proceso tiene que ser rápido para ser verdadero, a veces el alma necesita silencio, espacios vacíos y tiempo... mucho tiempo para poder comprender lo que dolió de verdad.

Dale el tiempo que necesite, al final, el tiempo cura muchas cosas... Tiempo al tiempo... siempre.

Y mientras eso ocurre puedes...

Hacer espacio para lo nuevo, lo que estás dispuesto a cambiar.

Agradecer el recuerdo, sin quedarte atrapado en él.

Hablar bonito de ti, incluso si hoy no te lo crees del todo.

Respetar tu ritmo, sin compararte con el de los demás.

Permitir volver a soñar, aunque sea con miedo.

Tú no has dejado de ser quien empezó esta historia, pero ahora eres mucho más. Has cambiado, sí, pero sin traicionarte. Eres la persona que supo sostenerse incluso cuando todo temblaba por dentro, cuando el suelo parecía desaparecer y no había certezas a las que aferrarse. Te mantuviste en pie con lo que pudiste, a veces con silencios, a veces con lágrimas, pero siempre con verdad.

Ya no necesitas mendigar amor, ni rogar atención, ni justificar tu forma de sentir para que otros la validen. Has dejado de intentar encajar en espacios que ya no te contienen. Estás aprendiendo, a tu manera, a vivir más ligero, a no cargar con lo que ya no te pertenece, a mirar el pasado con compasión, no con culpa. Estás comprendiendo que no tienes por qué castigarte por lo que no pudiste controlar.

Y eso, aunque no se vea desde fuera, aunque a veces parezca invisible o pequeño, también es renacer. Porque renacer no siempre significa empezar de cero... pero a veces sí. A veces, es volver a ti después de haberte perdido un poco y, otras veces, es soltarlo todo para construirte desde una versión más honesta, más tuya, más en paz. No hay una sola forma de hacerlo, pero todas tienen algo en común: la fuerza de seguir.

No tienes que obsesionarte con borrar todo lo que te dolió. No es necesario eliminar las huellas para sanar. Las cicatrices no son prueba de debilidad, sino de resistencia. De haber estado en el suelo, sí, pero también de haber tenido el valor de reconstruirte con tus propias manos.

Las cicatrices son testimonio silencioso de que caíste... y te levantaste. No necesitas esconderlas. Al contrario, son la marca de una historia que te pertenece, de una lucha que no todos vieron, pero tú sabes bien lo que costó.

Y si alguna vez te preguntaste si volverás a sentirte tú, esta es la respuesta: no volverás a ser el mismo, y eso está bien. Porque no se trata de volver a lo que eras, sino de descubrir lo que ahora puedes llegar a ser. Te reconstruyes, no como antes, sino con otra base. Más firme. Más honesta. Más tuya.

A lo mejor no lo notas aún, pero ya no reaccionas igual. Ya no piensas como pensabas en los primeros días. Has dejado de buscar en los demás lo que ahora empiezas a darte a ti. Eso es sanar. A veces pasa tan lentamente que no lo ves. Pero está ocurriendo. Está pasando ahora mismo, mientras lees estas palabras.

Y sí, puede que todavía haya días grises. Días en los que el pasado golpea sin previo aviso. Días en los que te preguntas si de verdad has avanzado o si sigues en el mismo sitio. Pero incluso en esos días, estás más adelante que antes. Porque ahora, al menos, sabes ponerle nombre a lo que sientes. Sabes cuándo parar, cuándo llorar, cuándo decir «esto no me lo merezco».

«Las cicatrices no duelen igual que las heridas. Las cicatrices ya no sangran. Solo te recuerdan lo que te hizo fuerte».

Y, aunque aún queden partes sensibles, eso no significa que estés roto. Significa que has sentido profundamente. Y eso no es un defecto. Es un regalo que ahora puedes transformar en fuerza.

No se trata solo de recordar lo que dolió, sino de reconocer que has resistido, que has seguido adelante cuando parecía imposible. No es cuestión de borrar las heridas ni hacer que desaparezcan, sino de integrarlas en la historia que hoy cuentas, con la sabiduría que solo el tiempo y la experiencia pueden brindar. Sanar es un movimiento constante entre avanzar y detenerse, y cada paso, incluso los que parecen retroceder, te acercan más a la paz que mereces.

Puede que aún sientas inseguridad, miedo o confusión; eso es parte del camino. La clave está en no dejar que esas emociones definan tu presente, sino en permitirte sentirlas, comprenderlas y poco a poco liberarte de su peso. Porque no se trata solo de sanar, sino de transformarte y renacer desde lo más profundo... y que ese abismo lleve tu nombre».

Cada día es una oportunidad para elegir cómo quieres seguir, para reescribir tu historia con más fuerza y sabiduría. La paciencia contigo mismo es indispensable, pues la verdadera reconstrucción emocional es un acto de amor propio constante.

Reconstruirte no fue solo cuestión de seguir respirando. Fue aprender a reconocerte frente al espejo con las alas rotas, con el alma enredada, con los ojos cansados de llorar. Pero aun así... ahí seguías. Y ahí sigues.

Porque, aunque muchas veces sentiste que tus alas se habían caído por completo, en realidad solo estaban cansadas. Y ahora, poco a poco, te estás permitiendo repararlas. No con prisa, no por obligación, sino con la ternura que mereces. Como cuando una mariposa sale de su capullo: vulnerable, temblorosa... pero destinada a volar.

Cada cicatriz que llevas en la espalda cuenta una historia. Y sí, tal vez las alas ya no sean las mismas que antes, pero eso no es una pérdida: es evolución. Son alas reconstruidas con hilos de coraje, con destellos de amor propio y con la luz que tú mismo has vuelto a recuperar.

¿Y sabes qué es lo más bonito de todo esto? Que brillan. Que por más oscuridad que hayas atravesado, hoy tus alas reflejan ese brillo nuevo: el de quien no se rindió, el de quien aprendió a volar otra vez sin necesitar que nadie lo empujara.

Este no es el mismo vuelo de antes. Es uno más consciente, más libre. Porque ya no vuelas para escapar... ahora lo haces para descubrir y buscar tu paz.

«*A veces nadie sabe la tormenta que has atravesado, algunos criticarán y juzgarán sin entender lo que viviste, pero el único que realmente sabe lo que pasó eres tú*».

Y en medio de todo ese proceso silencioso, hay algo que vuelve a crecer: tus alas. Sí, las mismas que creíste perdidas entre lágrimas, recuerdos y noches eternas. Lo que no sabías es que, mientras tú creías romperte, tus alas estaban mutando. Como las de una mariposa que se esconde en su crisálida, tú también te estabas preparando para otra forma de volar.

¿Te diste cuenta? Ya no dueles como antes. Y eso también es sanar, aunque aún no lo sientas como victoria. A veces no te das cuenta del cambio hasta que miras atrás y ves lo muy lejos que has llegado.

¿Y cómo se suelta algo que dolió tanto?

No es un botón, no es una decisión inmediata. Es un proceso que exige enfrentarte a tus propios nudos. No se trata de olvidar, sino de liberar el peso que ya no puedes cargar. Soltar también es entender que lo que fue, ya no es.

A veces sueltas poco a poco, a veces como sin darte cuenta: cuando ya no espías, cuando ya no justificas, cuando dejas de esperar que el otro te diga algo. Porque hay un momento en el que el silencio ajeno deja de doler y empieza a darte calma. Y aunque aún duela, ya no deseas volver.

Y mientras sueltas, también renaces. No como alguien nuevo, sino como alguien más consciente. Más tú.

Tus cicatrices no te quitan belleza, son las costuras de tu alma. Cada una guarda la historia de algo que superaste. No escondas tus alas remendadas; ahí está tu verdadera fuerza: haber volado incluso cuando estaban rotas.

Y ahora, reflexiona:

¿A quién necesitas perdonar hoy, para seguir avanzando?

¿Qué estás cargando que ya no te corresponde?

¿Qué versión de ti estás dejando morir… para dar paso a una más libre?

Este capítulo no te pide que estés bien. Te pide que seas honesto contigo. Que reconozcas tu punto medio: ni tan herido como antes, ni tan fuerte como quisieras. Pero sí, en movimiento. Y eso ya es suficiente.

Recuerda: no es una línea recta. Es una danza entre días claros y otros más nublados. Pero si estás aquí, es porque elegiste seguir, elegiste reconstruirte, elegiste renacer…

Y si has llegado hasta aquí, detente un momento. Haz una pausa. Respira.

No corras tan deprisa hacia la siguiente página, ni hacia la próxima versión de ti. Porque este instante, este justo aquí, también importa.

Quizá no te des cuenta, pero algo en ti ya cambió. No eres el mismo que empezó este capítulo. Has abierto una rendija, has tocado tu fondo con respeto, has nombrado tus heridas. Y eso ya es reconstrucción.

A veces, el mayor acto de valentía es mirarte con verdad y no salir corriendo. Abre los ojos. Obsérvate ahora.

Estás más despierto que ayer. Tal vez aún no sepas qué hacer con todo lo que sientes, pero ahora sabes que sentir no es el enemigo. Que la tristeza, el miedo, el enfado, incluso el vacío... no son señales de debilidad, sino ecos de lo que aún está vivo dentro de ti.

Mira tus alas, no son perfectas, no son nuevas... Pero brillan. Brillan porque están hechas de cada caída que decidiste transformar, y en esas veces que decidiste no rendirte. Porque las construiste a base de días grises y pequeñas victorias. Porque elegiste no quedarte ahí.

Y eso es lo que quiero que no olvides nunca:

No viniste a este mundo a quedarte en ruinas. Viniste a reconstruirte con más amor del que alguna vez recibiste. Viniste a volar, a tu ritmo, a tu manera.

No hace falta que entiendas todo hoy. Pero si hoy puedes respirar con un poco más de paz... ya has renacido un poco, querido lector.

PARTE IV

Lo que elegí ser
El brillo de mis alas

14

Mis reglas sagradas

Los límites que ahora protegen mi paz

Hubo un tiempo en que no sabía decir «no». O, mejor dicho, sentía miedo de hacerlo. De perder, de ser menos querida, de que me juzgaran. Vivía atrapada en esa maraña invisible de complacencias y silencios, donde mis deseos y mi paz quedaban en segundo plano, o ni siquiera eran vistos.

Pero llegó un día en que mi alma dijo «hasta aquí». No podía seguir viviendo en esa cárcel sin paredes, esa prisión que yo misma había construido al permitir que me atravesaran sin preguntar, que me tomaran sin respeto, que me pusieran en último lugar una y otra vez. Fue un despertar lento, sutil, casi imperceptible al principio. Pero firme.

Empecé a poner límites. A marcar espacios claros. A decir lo que sentía y necesitaba, aunque me temblara la voz, aunque la culpa quisiera asomarse, aunque el miedo gritara en mi interior. Mis reglas sagradas nacieron de ese lugar vulnerable, pero también de mi coraje.

Cada «no» que pronuncié era un acto de amor propio más. Cada vez que levanté un muro, era para proteger mis alas, para evitar que se desgarraran de nuevo.

No es que quisiera alejarme de quienes amo, sino que entendí que para amar bien primero debía amarme yo, y para estar disponible para otros, primero debía estar completa conmigo misma y ahora cuido un espacio en el que solo florece lo que me hace bien.

Aprendí que decir «no» no es egoísmo, sino respeto. Respeto por mí, por mi tiempo, por mi energía, por mis emociones. Y, sobre todo, aprendí que mi paz es sagrada. Que protegerla no es un lujo, sino una necesidad para vivir con dignidad.

A veces, esos límites duelen a quienes me rodean. Porque mi «no» puede chocar con sus expectativas, sus deseos, sus costumbres. Pero yo ya no puedo vivir cargando con el peso de complacer a todos. No a costa de perder mi esencia. Mis reglas sagradas son mi refugio, mi escudo, mi faro.

Y hoy quiero invitarte a mirar tus propias alas y preguntarte:

— ¿De qué tienes que protegerlas?
— ¿Qué límites necesitas para cuidar tu brillo?
— ¿Qué reglas sagradas vas a crear para proteger tu paz?

Porque no hay mayor acto de valentía que elegir, día tras día, quién quieres ser y cómo quieres que te traten. El camino no es fácil, pero es el único que honra tu verdad, y cuando empiezas a respetarte, algo mágico sucede: el mundo comienza a respetarte también.

Había llegado el momento de crear mis reglas sagradas, esos límites que no solo protegen mi paz, sino que reconstruyen mi relación conmigo misma, pieza por pieza. No mentirme más, ni juzgar cada emoción que brota dentro de mí. Aprendí que está bien estar mal, estar enfadada, sentir ese torbellino de emociones; lo importante es respetarme, observarme sin culpa, y buscar caminos para sanar.

Decidí que no soportaría más lo que me hacía daño. Que, por primera vez, yo estaría antes que cualquier otra persona. Que no me enfadaría conmigo si volvía a tropezar con la misma piedra, porque en cada caída hay una enseñanza que solo el tiempo revela.

Me prometí no amar a nadie más que a mí misma. Cerré con llave ese pasado que tantas veces quiso arrastrarme, y me negué a dejar que la voz o el juicio de otros me influyeran en mi camino. Aprendí a tomar mis propias decisiones, a confiar en mí, incluso cuando el miedo me susurraba lo contrario.

Fue un proceso sencillo y complicado a la vez. Porque nunca antes me había puesto en primer lugar. Necesitaba ese empujón, ese despertar que solo llega cuando el cansancio de vivir para otros pesa más que el miedo a cambiar.

Hoy, estas reglas sagradas son mi refugio y mi fuerza. Son la paz mental que me permite respirar sin sobrepensar, la satisfacción de cuidarme y priorizar mi bienestar. Son la luz que me guía para no caer como antes, para levantarme con más brillo y fuerza cada día.

Y aunque el camino sigue, porque el trabajo es diario, sé que este compromiso conmigo misma es la verdadera revolución. Porque, al final, elegir amarme yo primero es la decisión más valiente y hermosa que pude tomar.

Cambiar mis reglas fue como redescubrir un idioma olvidado, uno que habla directamente a mi esencia y no a las expectativas externas. Empecé a escuchar lo que realmente necesitaba, no lo que me dictaba la costumbre o el miedo. Fue aprender a interpretar ese lenguaje silencioso de mi cuerpo y corazón, esas señales que antes ignoraba porque pensaba que debía aguantar.

Cada vez que elegía respetar mi espacio y decir «esto no va más», sentía un pequeño choque interno: una mezcla de liberación y culpa. Porque desaprender no es solo soltar, es confrontar viejas creencias que parecían parte de mí. Pero justo ahí, en ese choque, estaba la chispa que me empujaba a seguir adelante.

El verdadero cambio no llegó de un día para otro, sino en esos momentos íntimos, cuando decidía proteger mi paz, aunque fuera incómodo para otros. Aprendí a leer mi silencio, a valorarlo. Porque a veces, no hacer nada, simplemente estar conmigo, era el acto más poderoso que podía regalarme.

Poner límites no fue solo un acto externo, sino un diálogo interno constante donde me recordaba que merezco cuidado y respeto hacia mí misma. Y en ese diálogo, fui encontrando fuerzas que daba por perdidas, una fortaleza silenciosa que no necesitaba demostrar, solo vivir.

Ese proceso me enseñó que reconstruir no es borrar huellas, sino caminar con ellas, dejando que cada paso y cada pensamiento me transformen. Porque, aunque mis alas tengan señales del pasado, también guardan un brillo que solo nace de no rendirse.

Este es el momento en que la lucha cambia de lugar: ya no afuera, sino adentro. Es un viaje hacia lo más profundo de ti, donde las respuestas no están en otros, sino en ti. No siempre es fácil, pero es el único camino hacia una paz genuina.

No se trata de perfección ni de avanzar sin tropezar. Se trata de aprender a levantarte, a entender que cada caída deja una cicatriz que, aunque marque, también da fuerza y brillo a tus alas. Al fin y al cabo, esas marcas son las huellas de tu resistencia.

Te invito a mirar hacia dentro, a cuestionar qué reglas quieres que gobiernen tu vida y a decidir cuáles son sagradas para proteger tu bienestar. *¿Qué límites necesitas hoy para sentir que estás cuidando de ti?*

El brillo de tus alas no está en no caer, sino en cómo decides reconstruirte después.

Sé que, para muchos, poner límites y decir «no» puede ser un verdadero desafío. A mí me costaba muchísimo. Había una voz dentro que me decía: «Si dices que no, vas a perder a esa persona, te van a dejar de querer, vas a quedar mal». Es un miedo real, profundo, que viene del apego, de las opiniones ajenas y de no valorarnos como merecemos.

Aunque decir «no» no es egoísmo. Porque solo desde ese amor podemos construir relaciones sanas, donde el respeto es la base. Aprender a poner límites es aceptar que no todo está bajo nuestro control, pero sí está bajo nuestro poder decidir qué permitimos y qué no.

Si te cuesta, no te castigues. Es un proceso que lleva tiempo. Empieza pequeño, con gestos simples, como decir «no» a algo que realmente no quieres hacer o tomar un espacio para ti sin culpa. Cada «no» sincero es un paso hacia ser dueño de tu vida.

¿Y si te equivocas? Perfecto. Nadie nace sabiendo. Cada error es una oportunidad para reafirmar tus límites, para escuchar más a tu voz interior y menos al ruido externo.

Recuerda que poner límites es decir «sí» a ti, a tu bienestar, a tu crecimiento. Es un acto de valentía que merece todo tu respeto...

Yo, a medida que fui practicando el «no», descubrí algo sorprendente: las personas que realmente importaban respetaban mis decisiones. Las que no lo hacían, mostraban quiénes eran realmente, y eso también fue un aprendizaje valioso. No necesitamos aferrarnos a quienes no respetan nuestros límites; merecemos estar rodeados de personas que valoran nuestra integridad.

Además, poner límites me permitió reencontrarme con mi tiempo y mi energía, dos recursos que antes malgastaba en complacer y cuidar expectativas ajenas. Hoy sé que cada «no» dado con respeto y claridad es un regalo para mí misma, porque me devuelve el control sobre mi vida.

A quienes les cuesta decir «no», les aconsejo: empieza por identificar qué te hace sentir incómodo o agotado. Escucha esas señales. El cuerpo y la mente nos hablan, pero a veces estamos tan acostumbrados a ignorarnos que nos cuesta reconocerlo.

Otra cosa que me ayudó fue escribir mis límites. Verlos en papel, ordenarlos y reflexionar sobre ellos. Eso me dio claridad y confianza para expresarlos cuando hacía falta. También, recuerda que poner límites también significa respetar los límites de los demás. Es un equilibrio que crea espacios sanos para todos.

Así que, poco a poco, mis reglas fueron construyendo un refugio donde mi paz no está en manos de nadie más que las mías. Porque el verdadero poder no está en controlar al otro, sino en ser fiel a ti mismo.

Al principio, poner límites puede despertar miedo y culpa. Esas voces internas que te dicen *«¿y si me rechazan?»*, *«¿y si me juzgan?»*, *«¿estaré siendo egoísta?»*. Yo también las escuché y sé lo paralizantes que pueden ser.

Pero aprendí que sentir miedo no significa que no debas avanzar. El miedo es parte del proceso, un indicador de que estás saliendo de tu zona de confort y comenzando a proteger tu espacio personal. No es un enemigo, sino una señal de que estás haciendo algo valiente.

La culpa, por otro lado, suele venir cuando no queremos decepcionar o «fallar» a los demás. Pero te invito a preguntarte: *¿A quién le estás fallando si decides cuidar de ti? ¿No es acaso una forma de amor propio?*

Si te soy sincera, hubo un tiempo en el que me costaba horrores decir que no. A veces decía que sí por miedo a decepcionar, otras veces por no querer perder a alguien. Cedía, incluso cuando algo me dolía, y me tragaba mis verdaderas emociones con tal de no incomodar.

Pero ese precio era alto: cada «sí» que no quería decir me alejaba de mí. Cada límite que no ponía me enseñaba a diluirme. Y un día, sin darme cuenta, ya no sabía dónde terminaban los demás y dónde empezaba yo.

Fue ahí cuando entendí que poner límites no es rechazar al otro... es decirme sí a mí. Que negarme no me hace fría ni egoísta, me hace real y coherente. Y que quien te quiere de verdad, aprende a amar también tus bordes, no solo tus concesiones.

Y entendí que no todos merecen tener un lugar en mi vida solo porque alguna vez me hicieron sentir bien. Que estar agradecida por un momento bonito no significa quedarme a costa de mi paz cuando ese momento ya pasó. Poner límites es también reconocer que no todo lo que quieres, te conviene. Y eso duele. Pero duele menos que seguir forzando lugares donde ya no encajas. Hoy ya no me quedo donde no me escuchan. Ya no explico mil veces lo que valgo. Ya no bajo mi voz para que otros no se incomoden con mi verdad.

Y si alguien se aleja porque aprendí a cuidarme... lo dejo ir con paz. Porque sé que mi versión más fuerte no le teme a la soledad, le teme a perderse a sí misma por complacer.

Así que si te cuesta decir no, empieza poco a poco. No tienes que explicarte de más, ni justificar tus decisiones como si fueran delitos. Un «no» con respeto, también es un acto de amor.

Y cuando sientas culpa, recuérdate esto: «Tú también mereces elegir, tú también mereces descanso, tú también mereces paz. Poner límites no te aísla, te limpia el camino. No te quita amor, te da espacio para recibir el verdadero. Y, sobre todo, te devuelve a ti».

Tener reglas no es tener el control absoluto de todo, es saber qué no volverás a negociar por nada ni por nadie. Es recordarte que tú ya no eres el que se abandona para que otro se quede.

Si estás leyendo esto y aún te cuesta decir que no, aún te cuesta proteger tu energía o soltar lo que sabes que te drena, déjame decirte algo que a mí me habría salvado tiempo:

No es tu deber sostener todo. No estás siendo cruel por elegirte. No es egoísmo cuidar lo que tanto te costó reconstruir y cada vez que te eliges, cicatriza algo dentro. Cada vez que dices «hasta aquí», crece una raíz. Y cada vez que te respetas, una parte de ti respira en paz.

Estas reglas, que nacieron del caos y del cansancio, hoy son las alas que vuelven a sostenerme. Y aunque ahora son alas nuevas, que nacieron de esa vez que decidí no perderme más a mí misma. Y ahora, estas alas están reforzadas con cicatrices, memoria y verdad. Y eso las hace más fuertes, más sabias, más mías.

Mis límites ya no son muros, son alas abiertas que eligen hacia dónde volar. Y si me ves brillar, no es por haber evitado la oscuridad, sino por haber caminado dentro de ella sin perderme. Porque cada decisión que tomé a mi favor fue una pluma más en estas alas que renacieron de entre las ruinas.

Porque cuando dejas de cargar lo que no es tuyo, cuando dejas de mendigar amor y comienzas a darte dignidad... entonces floreces. Y no es magia, es valentía, es trabajo. Es fidelidad a ti mismo.

Como una mariposa que, tras romper su capullo, descubre que el dolor no la rompió... la transformó. Y aunque aún existan días nublados, mi brillo ya no depende del sol, sino de la fuerza que descubrí al elegirme. Y esa fuerza... ya nadie me la puede quitar.

15

La mujer que soy hoy

Fortaleza, claridad, poder personal

Hubo una temporada en la que dudaba de absolutamente todo: de mí, de lo que merecía, de lo que era capaz de sostener. Me perdí completamente y me fui desgastando poco a poco hasta tocar fondo. Pero hoy, después de cada caída, después de cada duelo, puedo decirlo con firmeza: soy otra...

Creo que a veces necesitamos tocar fondo para abrir los ojos y darnos cuenta de dónde estábamos en realidad. Es ese golpe de realidad el que nos sacude y nos muestra la verdad que antes no queríamos (o no podíamos) ver. Y aunque duele, también nos da la fuerza para levantarnos de un modo distinto, más conscientes y fieles a nosotros mismos.

No soy una mujer perfecta, tampoco invencible, pero sí una mujer que se elige. Que se escucha. Que, aunque a veces tiemble, no se rinde.

He aprendido a poner límites, no desde la rabia, sino desde el amor propio. He dejado de explicarme tanto, porque entendí que quien no quiere ver, no verá por más que te desarmes explicando. Me reconstruí pieza por pieza, sin manual, sin atajos, enfrentando verdades que dolían, pero liberaban.

Hoy por fin, sé leer mis emociones sin temerles. Agradezco las cicatrices, porque en cada una habita una versión mía que no se rindió. No me avergüenza haber llorado, haber sentido, haber tropezado. Lo que me haría daño sería haberme quedado allí.

Ahora camino con una mirada distinta. Ya no busco aprobación, busco paz. Ya no persigo vínculos a costa de mi bienestar, ahora los filtro con cuidado. Ya no le temo a estar sola, porque descubrí que en mi propia compañía florecen cosas que antes ignoraba.

Ser esta mujer no fue fácil. Me costó despedidas, vacíos, reconstrucciones y decisiones que partían el alma. Pero hoy, al mirarme, puedo decir con la cabeza en alto: valió la pena.

Soy la mujer que un día soñé ser cuando me sentía rota. Y aunque sigo aprendiendo, sigo cayendo y levantándome, tengo claro algo: no vuelvo atrás. Ya no soy quien espera que otros le den valor. Hoy brillo por lo que he vivido, por lo que he soltado, por lo que he sanado.

Y si alguna vez vuelvo a perderme —porque la vida es cíclica—, sé que volveré a encontrarme. Porque ahora tengo alas y sé cómo usarlas.

Estas alas llevan marcas visibles y también las que no se ven: cicatrices que son historias, aprendizajes que me transformaron. No son solo prueba de lo que sufrí, sino de lo que elegí construir después del dolor. No son perfectas, ni simétricas, ni siempre suaves, **pero lo más importante: son mías.** Y me recuerdan que cada caída fue un paso para llegar hasta aquí.

Mi madre, al verme cambiar, solía repetirme cada vez más: «Vero, brillas mucho, se te nota tu brillo, sigue así». Y aunque era una frase sencilla, escucharla tantas veces me llenaba de motivación. Era como una confirmación: porque yo sabía que estaba yendo por muy buen camino, y ese brillo que yo apenas empezaba a reconocer, otros ya lo veían en mí».

También, en este camino aprendí a diferenciar entre quien realmente suma y quien resta. Aprendí que no todo amor es un refugio; algunos son tormentas disfrazadas, que solo desgastan el alma. Por eso, hoy elijo mi paz antes que cualquier compañía vacía. Sé cuándo abrir mi espacio y cuándo cerrarlo, no por miedo, sino por respeto a lo que soy.

No busco la validación ajena, porque ya la encontré dentro de mí. Esa voz interna que me susurra «eres suficiente» se ha vuelto más fuerte que cualquier eco externo que quiera hacerme dudar. Me abracé con mis sombras, con mis silencios, con mi historia entera, y en esa aceptación encontré libertad.

Me di cuenta también de que el amor más profundo y duradero es el que me doy a mí misma. No un amor perfecto ni inquebrantable, sino uno real, compasivo, paciente. Un amor que me sostiene en los días difíciles, que me recuerda que no tengo que ser otra persona para ser amada, que no tengo que cambiar mis alas para que alguien quiera volar conmigo.

Esta mujer que soy hoy es la suma de todas mis versiones: la que sufrió, la que dudó, la que se perdió, pero, sobre todo, la que decidió no renunciar jamás a sí misma. Es la mujer que sabe que no necesita cargar con culpas ajenas, que sabe poner límites con firmeza, que sabe amarse en la imperfección.

Y si vuelvo a tropezar, lo haré con la certeza de que no estoy sola. Porque ahora tengo herramientas, tengo coraje, tengo mis alas. Y sé que cada intento de levantarme es un acto de dureza, un triunfo silencioso que me acerca un poco más a la paz que merezco.

Y aunque el camino sigue siendo incierto, he aprendido a confiar en mi instinto, a escuchar esa voz interna que, aunque a veces tiembla, nunca me abandona. Esa voz que me guía cuando las dudas quieren nublar el horizonte y me recuerda que el poder está en mis manos.

Cada día es una oportunidad para elegirme de nuevo, para cuidar de mí con paciencia y respeto. Porque amar lo que soy implica decisiones constantes, a veces difíciles, que me alejan de lo tóxico y me acercan a lo que nutre mi esencia.

He descubierto que la verdadera libertad no es la ausencia de problemas, sino la capacidad de enfrentar lo que venga sin perder mi centro. De saber cuándo quedarme en silencio y cuándo alzar la voz. De permitirme sentir sin juzgarme y avanzar sin miedo.

No busco perfección, sino autenticidad. No aspiro a ser inquebrantable, sino humana, valiente y consciente. Y aunque haya días en que el cansancio quiera ganar la batalla, sé que cada paso, por pequeño que sea, es un triunfo.

Este proceso de construcción no termina aquí. Es un vuelo constante, donde las alas se fortalecen con cada experiencia, con cada elección. Y aunque la tormenta aparezca, ahora sé que puedo navegarla, porque tengo mi brújula interior y mis alas para seguir volando.

Este camino de reconstrucción no es para quienes esperan que todo cambie por arte de magia. No es para quienes buscan atajos ni soluciones rápidas. Es para quienes están dispuestos a mirar de frente, a hacerse cargo de su historia, y a decidir que el cambio empieza hoy y toma su tiempo, pero lo más importante empieza desde el interior de uno mismo.

Porque el verdadero poder no está en las circunstancias que nos tocaron vivir, sino en la manera en que decidimos responder a ellas. Puedes elegir quedarte en el mismo lugar, alimentando el dolor y la rabia, o puedes decidir levantarte una y otra vez, aunque sea con pasos pequeños y lentos.

Cada decisión consciente, cada momento en que eliges cuidarte en vez de castigarte, en que optas por sanar en lugar de refugiarte en el miedo, te acerca un poco más a la persona que quieres ser. No es un proceso perfecto, pero es auténtico y valiente.

Este libro es una invitación a que tomes ese poder. A que reconozcas que, aunque no controlas todo lo que te pasa, sí puedes controlar cómo te relacionas contigo mismo y con tu historia. Que no tienes que ser víctima de las circunstancias, sino protagonista de tu propia transformación.

Así que te propongo algo: que al leer estas páginas no solo absorbas palabras, sino que actives tu voluntad. Que uses esta experiencia como un llamado a la acción interna, a esa revolución silenciosa que empieza con decidirte a volar, aunque tus alas aún estén en proceso de sanación.

Pensemos en algo cotidiano: ese momento en que decides dejar de contestar mensajes que te hacen daño, o cuando apagas el teléfono para darte un respiro. Puede parecer pequeño, pero es un acto consciente de cuidar tu energía.

O esa vez que decides salir a caminar solo, sin compañía, y descubres que tu soledad no es un castigo, sino un espacio para escucharte sin distracciones. En esos instantes, empiezas a redescubrir quién eres fuera de los rótulos que otros te han puesto.

Quizá fue cuando decidiste que no volverías a dar explicaciones que solo te desgastaban, porque entendiste que no tienes que convencer a nadie de tu valor. Cada uno de estos momentos es una semilla de autonomía, una reafirmación silenciosa de que tu bienestar depende de ti, no de la aprobación externa.

No hay fórmulas mágicas ni grandes gestos heroicos. El verdadero cambio se construye en esas pequeñas decisiones, en esos detalles que a simple vista parecen insignificantes, pero que en conjunto forman el terreno fértil para que tus alas crezcan fuertes.

Para quienes han vivido en relaciones donde el apego era una cuerda que los ataba más que los sostenía, donde la sobreprotección se disfrazaba de cuidado, pero, en realidad, era una jaula, este proceso puede ser especialmente desafiante.

Quizás has sentido que tu voz no siempre fue escuchada o que tus necesidades quedaron siempre en segundo plano frente al miedo o el control de otros. Tal vez aprendiste a minimizar tus deseos para evitar conflictos o no perder ese vínculo que parecía indispensable.

Pero sanar también es reconocer que el amor no debe doler ni aprisionar. Es un acto de coraje empezar a soltar esas cadenas invisibles, esas expectativas que no te dejan respirar, y a construir tu espacio propio.

Puede ser tan simple como permitirse un «no» sin culpa, como aprender a establecer límites con quienes, aunque bien intencionados, terminan invadiendo tu mundo. Cada vez que haces esto, aunque sientas temor o inseguridad, estás reclamando tu libertad y tu valor.

Este camino no borra de golpe esos patrones que arraigaron en tu historia, pero poco a poco, con paciencia, empiezas a reconocer que mereces relaciones que te nutran, no que te consuman.

Y si te cuesta soltar, si te aferras porque sientes que sin ese vínculo te vas a perder, no te juzgues. Es normal. A veces, lo que nos daña también nos da cierta sensación de seguridad... porque es lo conocido.

Pero pregúntate con honestidad: *¿a qué precio estás sosteniendo eso? ¿Cuánto de ti estás dejando atrás para que otro se quede?*

Soltar no significa abandonar, ni ser frío, ni olvidar lo vivido. Significa priorizarte. Poner en la balanza si ese vínculo suma o resta, si te da paz o te quita el sueño, si te acompaña o te arrastra.

Y cuando lo veas claro, no tengas miedo de elegirte. Porque nadie más va a vivir en tu piel, cargar tus vacíos o sanar tus heridas. Esa tarea es tuya. Y es una forma de amor profundo hacia ti.

A veces, el amor se disfraza. Viene vestido de promesas bonitas, de mensajes constantes, de «te necesito» que, al principio, suenan intensos... hasta que se vuelven una trampa.

Muchas personas —y quizá tú que estás leyendo esto— han vivido relaciones donde lo tóxico se disfrazaba de amor, donde te hacían sentir que todo era «por tu bien», pero en el fondo te estaban apagando poco a poco. No siempre hay gritos ni peleas. A veces el dolor se instala en silencios incómodos, en frases que suenan a cariño, pero te restan libertad, en «cuídate» que en realidad querían decir «contrólate».

Tal vez te dijeron que nadie te querría como esa persona lo hacía. O te hicieron sentir que todo lo malo era culpa tuya. Tal vez te convencieron de que estabas exagerando, que eras «demasiado sensible» o «muy intenso/a» o «dramatizabas por todo». Y empezaste a dudar de ti mismo, a callarte. A adaptar cada parte de ti para no incomodar. Eso también es violencia emocional, y es real... y duele.

Pero si estás aquí leyendo esto y reconoces esa sensación en tu pecho... quiero que sepas que mereces mucho más. Que el amor no te debería hacer pequeño, ni invisible, ni inseguro. El amor de verdad no manipula, no controla, no castiga con frialdad, no te aísla del mundo ni te exige cambiar tu esencia para ser amado.

Salir de ahí no es fácil. A veces el apego es fuerte, la costumbre es cómoda y el miedo paraliza. Pero cuando empiezas a abrir los ojos, cuando empiezas a preguntarte si eso realmente es amor o solo dependencia disfrazada, ya has dado el primer paso hacia ti.

Y aquí volvemos al punto de antes: elegirte no es egoísmo, es dignidad. Aprender a decir «esto no me hace bien» es un acto de fuerza. Y aunque tiemble tu voz, aunque tu corazón aún sienta amor, aunque extrañes, aunque duela… tú puedes salir de ahí.

Las personas manipuladoras suelen jugar con tus emociones, saben dónde tocar para hacerte dudar, para atraparte. Pero por más hábil que sea la manipulación, hay algo que no pueden quitarte: tu verdad interna, tu intuición, esa vocecita que te susurra cuando algo no encaja.

Y una vez decides escucharte, empiezas a volver a ti. A reconstruir el respeto por ti mismo. A poner límites, a sanar, a convertir cada cicatriz emocional en una parte más de ti.

Quiero dedicar unas palabras a aquellos —no todos, pero sé que habrá alguno— que hayan pasado por una relación en la que los celos, el control o la toxicidad se disfrazaban de amor.

Donde te hacían sentir culpable por salir, por hablar con alguien, por vestirte como querías. Donde cada paso era observado, cuestionado o juzgado, y tú te adaptabas, pensando que eso era amar.

Quizá te hicieron creer que «si no hay celos, no hay amor», o que los límites eran una forma de cuidado. Y sin darte cuenta, empezaste a pedir permiso para ser tú. Eso no es amor. Eso es desgaste emocional. Es vivir en una cuerda floja, donde la culpa se vuelve rutina y la libertad se apaga poco a poco.

A veces, la toxicidad no llega gritando, llega de forma suave, disfrazada de «te quiero demasiado» o «me duele perderte», y eso confunde. Porque duele, pero también ilusiona. Te ata, pero también promete. Y eso no es justo.

En las relaciones, a veces no son solo los grandes problemas los que duelen, sino esas pequeñas cosas que, poco a poco, hacen que pierdas confianza y tranquilidad. Puede ser un silencio largo, una palabra que duele más de lo que parece, o un gesto que te hace dudar de ti mismo. No siempre se trata de peleas fuertes; muchas veces el cansancio es silencioso y pasa sin que te des cuenta.

Esta experiencia no importa si eres hombre o mujer, joven o no tanto. Todos podemos sentirnos atrapados en situaciones que confunden y desgastan. Y aunque cada historia es diferente, hay cosas que se repiten y que nos afectan a muchos. Verlas es el primer paso para recuperar el control, para volver a valorarte y para crear relaciones más sanas, empezando por la relación contigo mismo.

Si estás aquí, es porque quieres entender, sanar o simplemente sentir que no estás solo o sola. Aquí hay espacio para eso, para mirar esas partes difíciles que a veces nos nublan, pero también para encontrar luz en el camino hacia un amor más real y un crecimiento verdadero.

También hay que decir que a veces, **idealizamos** tanto a una persona que dejamos de verla con claridad. Nos aferramos a la idea de lo que podría llegar a ser, ignorando lo que ya está siendo. Y ahí es donde muchas veces empieza el desgaste: cuando justificamos ausencias, restamos importancia a palabras que duelen, o esperamos cambios que nunca llegan. No es amor lo que te hace quedarte esperando eternamente, es esperanza mal dirigida.

Idealizar a alguien es negarse a ver la realidad tal como es. Y duele, porque en el fondo sabemos que algo no está bien, pero preferimos aferrarnos a esa imagen bonita que construimos, aunque ya no se parezca en nada a la verdad. Nos cuesta soltar no por lo que esa persona nos da, sino por lo que imaginamos que podría darnos algún día.

Pero lo cierto es que amar no debería doler tanto. No debería requerir que te apagues para que el otro brille. No deberías tener que pedir atención como si fuera un favor. Si estás amando más la idea de lo que crees que podría ser, que a la persona tal cual es hoy… es momento de mirarlo de frente.

En muchas relaciones, lo que más desgasta no siempre son los grandes conflictos, sino la montaña rusa emocional que se vive día a día. Esa inestabilidad constante te hace sentir como si nunca pudieras encontrar un equilibrio; un día estás arriba y al siguiente te sientes completamente perdida o perdido, sin entender muy bien qué pasó. Esa inestabilidad no solo confunde, sino que también genera un desgaste invisible que mina la confianza en ti mismo o misma y en la relación.

A menudo, esa fluctuación emocional viene acompañada de una entrega que no es pareja. Mientras uno da todo lo que puede, el otro parece dar poco o solo cuando quiere. Esa desigualdad se siente como un peso silencioso, una carga que empieza a consumir la energía y las ganas. Te preguntas si acaso te estás esforzando demasiado o si mereces que te valoren como tú valoras. Es un desequilibrio que a veces no se habla, porque no es fácil reconocer que, en el fondo, estás dando más de lo que recibes.

Y luego están las inseguridades, esas pequeñas dudas que se meten en tu cabeza y crecen sin que te des cuenta. «*¿Me querrá de verdad? ¿Estaré haciendo lo correcto? ¿Qué piensa cuando no estoy?*».

Las inseguridades se vuelven un ruido constante, un sabotaje interno que puede hacerte pedir más atención, más certezas, más pruebas de un amor que parece tambalearse. En algunos casos, esas dudas vienen de heridas propias, de historias pasadas que no sanaron, pero otras veces se alimentan de actitudes ajenas que no nos tranquilizan ni nos respetan.

Como me dijo alguien en medio de mi caos y sanación: «*Mira siempre el vaso medio lleno y no medio vacío*». Esa frase me recordó que, incluso en medio de la confusión y el dolor, siempre hay espacio para la esperanza y para buscar lo que realmente merecemos.

Reconocer todo esto es difícil, pero también es el primer paso para entender qué merece tu corazón y tu mente. Aprender a detectar cuándo una relación te está consumiendo poco a poco es vital para decidir si es momento de seguir luchando o de soltar. Y, sobre todo, para recordar que la base de cualquier relación sana debe ser el respeto, la estabilidad emocional compartida y la confianza, empezando por la confianza en ti mismo o misma.

Además de estas dificultades, muchas veces aparece una sensación de desconexión que pesa más de lo que parece. Estar juntos, pero sentir que no están realmente conectados es un vacío que va creciendo con el tiempo. Es como compartir espacio, pero no emociones; como caminar lado a lado sin avanzar hacia el mismo destino. Esa desconexión genera un sentimiento de incompletitud que puede confundirte y hacerte dudar si esa relación es lo que realmente quieres o necesitas.

Otro aspecto frecuente es la constante necesidad de validación. Buscamos que la otra persona nos confirme nuestro valor, que nos diga que somos suficientes, que estamos bien.

Cuando esa validación falta o es escasa, el corazón se vuelve frágil y la mente comienza a buscar señales donde no las hay. Eso genera inseguridad y ansiedad, que terminan afectando la relación y la forma en que te ves a ti mismo o misma.

Y no es raro que, en medio de todo esto, uno termine olvidándose de lo más importante: de uno mismo. Ya que enfocarse demasiado en la otra persona, en sus estados de ánimo, en sus necesidades, puede hacer que pierdas contacto con tu propia esencia, tus deseos y tus límites. Ahí es donde está el mayor riesgo: perderse a sí mismo o misma tratando de sostener algo que ya no suma.

Reconocer estos patrones es un gran logro, porque implica mirarte con honestidad y decidir qué estás dispuesto o dispuesta a aceptar y qué no. Porque mereces una relación donde puedas crecer, donde la estabilidad emocional no sea una utopía y donde el amor sea un refugio, no una tormenta constante.

En medio del ruido, aprendí que no es cuestión de llenar el vaso, sino de aprender a sostenerlo. Pero también aprendí que está bien que a veces se sienta vacío; que no pasa nada si el vaso tiembla o se mueve, porque sostenerlo es un acto constante, una elección diaria. No se trata de ignorar lo que duele, sino de aceptar que el dolor es parte del líquido que me hace fuerte, parte de la mezcla que me forma.

En este aprendizaje, descubrí que cada temblor del vaso, cada momento de duda o incertidumbre, no es una señal de fracaso, sino una muestra de que seguimos aquí, intentando. Que ser fuerte no significa estar siempre firme o completo, sino estar dispuestos a abrazar nuestra fragilidad con la misma ternura con la que nos miramos al espejo. Así, día a día, vaso en mano, fui encontrando la manera de amarme desde el lugar donde todavía duele, desde donde todavía tengo miedo, pero también desde donde elijo avanzar.

Y es ese acto de amor hacia mí misma el que me sostiene, el que me impulsa a seguir reconstruyendo mis alas con paciencia y valor.

Porque ser la mujer que soy hoy, no significa haber olvidado ni haber borrado lo vivido, sino haber aprendido a convivir con ello, a verlo como parte de mi historia y no como una cadena que me detiene.

Si llegaste hasta aquí, querido lector, espero que puedas también encontrar esa fuerza en tu propio vaso, que aprendas a sostenerlo sin miedo, con la certeza de que en esa fragilidad reside tu mayor poder.

Y para cerrar este capítulo como es debido, también me gustaría dedicar unas palabras a esas mujeres que alguna vez atravesaron el dolor que ninguna mujer debería sufrir.

Para vosotras: Estas palabras son un honor para todas las mujeres que atravesaron el dolor del abuso. Para las que lograron salir y hoy caminan con la frente en alto, y también para las que todavía están en ese proceso silencioso de buscar la salida.

A vosotras quiero deciros que vuestra valentía no se mide por lo rápido que avancéis, sino por el simple hecho de seguir aquí, resistiendo, respirando, sosteniendo vuestra vida incluso cuando parecía imposible.

Sois prueba de que el poder personal no desaparece, aunque alguien intente arrebatároslo. Está ahí, esperando a ser reclamado. Cada paso, por pequeño que parezca, es un acto inmenso de libertad.

Este espacio queda escrito para vosotras: para recordaros que no estáis solas, que vuestro dolor no os define y que vuestro futuro no está atado a lo que os hicieron. Sois dignas, sois fuertes y merecéis una vida limpia, libre y en paz.

Que estas palabras os acompañen como un recordatorio: sois motivo de orgullo.

16

Elegirme una y mil veces más

Decidir por mí, sin dudar

Aprender a diferenciar el ego del amor propio es uno de los pasos más decisivos en el camino de elegirse a uno mismo. Porque no todo lo que parece amor propio realmente lo es. El ego se disfraza muchas veces de fuerza, de seguridad, incluso de orgullo. Pero en realidad, el ego nace del miedo, de la necesidad de control, de querer demostrar algo hacia afuera para sentirse válido. Es esa voz interna que a veces nos dice que debemos protegernos a toda costa, que debemos imponernos para que no nos lastimen, que debemos responder con dureza para no mostrar vulnerabilidad. Esa energía suele ser reactiva, explosiva, y puede confundirnos, porque se siente intensa, urgente y casi necesaria.

El amor propio verdadero, en cambio, no busca imponerse ni controlar al otro ni al entorno. No se alimenta de comparaciones ni de demostrar quién es mejor. El amor propio real nace de una seguridad interna profunda, tranquila y constante. No tiembla frente a las críticas ni necesita validación externa para sostenerse. No actúa desde el miedo, sino desde la aceptación y el respeto hacia uno mismo. Es ese espacio donde te permites sentir, equivocarte y aprender sin juzgarte. Donde no hay prisa ni presión por ser perfecto o por complacer a todos.

Reconocer cuándo actuamos desde el ego o desde el amor propio es fundamental para no confundirnos en el proceso de sanación. Por ejemplo, a veces creemos que exigir respeto es amor propio, y en realidad puede ser una necesidad sana. Pero si esa exigencia se vuelve rígida, hostil o controladora, puede estar dominada por el ego. O cuando decidimos alejarnos de alguien, *¿lo hacemos porque nos cuidamos o porque queremos castigar o demostrar algo?* El amor propio no se apoya en la resistencia ni en la lucha constante contra el otro, sino en la **tranquilidad** de saber que mereces paz, sin dramas innecesarios.

El ego *grita*, el amor propio *susurra*. Y en medio del ruido, aprender a distinguir ambas voces es lo que te salva. No se trata de callar al ego, sino de saber cuándo no dejar que tome el control.

La verdadera elección está en escucharte desde un lugar honesto, sin máscaras, sin reacciones vacías, sin actuar solo por impulso o por miedo. Ahí es donde empieza tu verdadera libertad: en elegirte, no desde el orgullo, sino desde la coherencia con lo que mereces.

Y aunque el primer paso es decisivo, lo que realmente transforma es la constancia de elegirte una y otra vez, en los detalles cotidianos que marcan la diferencia.

Elegirse no es un acto puntual, es un compromiso diario, casi silencioso, que se construye en los detalles: en lo que piensas de ti cuando nadie te ve, en cómo te hablas frente al espejo, en lo que toleras y en lo que ya no estás dispuesto a aceptar.

Hay días en los que elegirse cuesta más. Días en los que tu reflejo te parece ajeno, o en los que el miedo vuelve a tocar la puerta con fuerza. A veces se disfraza de nostalgia, otras de duda. Es en esos días donde elegirte tiene más mérito. Porque no se trata de hacerlo cuando todo va bien, sino precisamente cuando lo más fácil sería soltar tus límites, ceder por miedo o quedarte en lo conocido.

Y ahí entra la coherencia. No la perfección, sino la coherencia. Esa capacidad de actuar de acuerdo con lo que sabes que mereces, incluso cuando nadie lo nota. Incluso cuando parte de ti quiere regresar a lo que ya te dolió. Porque no es que no tengas miedo. Es que eliges no traicionarte a ti mismo otra vez.

Elegirte también es dejar de romantizar la espera. No esperes a que otros te valoren para empezar a valorarte tú. No pongas tu autoestima en manos de alguien que no sabe ni sostener la suya. No busques señales fuera de ti para recordarte lo que ya sabes: que eres suficiente, incluso cuando dudas. Que mereces calma, aunque hayas normalizado el caos.

Habrá momentos donde caigas en antiguas dinámicas, donde el impulso te gane. Pero incluso ahí puedes volver a ti. Elegirte no es un trayecto recto; es un regreso constante. Es mirarte al final del día, incluso después de haberte fallado, y volver a intentarlo. Con más conciencia, con más compasión, mucha disciplina, pero con la misma intención.

A veces, elegirse duele. Porque implica perder cosas, personas, validaciones. Pero también te devuelve algo que nadie más puede darte: *paz interior*. Esa que no se negocia, que no depende de condiciones externas y que prefieres por encima de todo. Esa que se cultiva cuando dejas de rogar migajas y empiezas a darte lo que tanto esperabas de los demás.

Porque al final, más allá de lo que estés atravesando, todo se reduce a lo mismo: el no querer volver a ese lugar que te apagó, y tener el coraje interior para recuperar tu brillo, tu luz, tu esencia completa.

El amor propio no se alcanza de golpe, se cultiva día a día, ya que también, muchas veces pensamos que amarnos a nosotros mismos significa estar fuertes, seguros y firmes todo el tiempo, sin caer en dudas ni debilidades. Pero la realidad es que el amor propio es más parecido a un camino con altos y bajos, donde a veces nos sentimos bien y otras veces nos cuesta sostener esa sensación. No se trata de tener un escudo impenetrable ni una confianza inquebrantable, sino de seguir caminando, a pesar de los tropiezos y las caídas.

No somos perfectos ni invencibles. Somos personas con emociones, heridas, momentos de luz y momentos oscuros. Habrá días en los que te sientas frágil, inseguro, o que pienses que no vales lo suficiente.

El amor propio real es aceptarte incluso en esos días difíciles, sin exigirte más de lo que puedes dar. Es entender que avanzar no significa nunca retroceder, que las cicatrices no desaparecen mágicamente, pero que siguen siendo parte importante de quién eres. Que tu valor no depende de que nunca te caigas, sino de que siempre te levantes, aunque sea con esfuerzo.

Este golpe de realidad puede doler, porque desmonta la idea de que amarnos a nosotros mismos es un camino fácil y sin fisuras. Pero también es liberador, porque te invita a abrazar tu humanidad y a conocerte a ti mismo, con todas tus perfecciones e imperfecciones.

No tienes que ser fuerte todo el tiempo para quererte. Puedes permitirte sentir miedo, tristeza o dudas, y aun así elegir cuidarte. Eso también es amor propio. Eso también es elegirte.

Y es que no, el amor propio no siempre se siente bien. Hay días en los que no se ve bonito, en los que no se siente fuerte, y en los que cuesta incluso sostenerte en pie. A veces, simplemente, estás cansado.

De luchar, de fingir que todo va bien, de ponerte de pie una vez más. Y eso no significa que estés fallando. Significa que eres humano.

A veces vas a tropezar, vas a volver a hablarle a quien te hizo daño, vas a ignorar tus límites, vas a dudar de ti. Vas a recaer en lugares que ya sabías que no eran para ti. Y dolerá.

Pero ahí es donde entra el verdadero amor propio: no cuando todo está bien, sino cuando todo tambalea... y, aun así, eliges no rendirte contigo.

No se trata de exigirte ser perfecto. Se trata de aprender a ser honesto y lo más transparente posible contigo mismo, incluso en tu caos. De permitirte caer sin quedarte a vivir en el suelo. De no usar tus errores como excusa para destruirte, sino como oportunidad para volver a ti con más compasión.

Porque amarte no siempre será cómodo, pero sí será necesario. Y mientras lo sigas intentando, incluso en los días donde parezca que no puedes más, ya estás haciendo más por ti de lo que hiciste durante años.

No es un mapa fijo. Es un camino con baches, retrocesos, momentos grises y también destellos de luz. Y todo eso, absolutamente todo, también cuenta como parte del proceso. Así que, si hoy no te sientes tan fuerte, no pasa nada. Vuelve mañana. O cuando estés listo. Pero vuelve.

Hay algo profundamente transformador en mirar nuestras heridas con honestidad. No para quedarnos anclados en ellas, sino para reconocer y aceptar todo lo que atravesamos. Porque muchas veces, sin darnos cuenta, cargamos tanto con el dolor que empezamos a creer que somos ese dolor. Como si las cicatrices hablaran más fuerte que nuestra esencia. Como si las heridas definieran por completo lo que somos.

Pero no. Las heridas son parte del camino, no de la identidad. Uno puede haber sido roto, pero eso no convierte a nadie en una persona rota. Se puede haber sido traicionado, pero eso no determina el valor que se tiene.

Las marcas existen, sí. Pero que algo te haya marcado no significa que te haya limitado. Hay personas que, precisamente desde esas cicatrices, logran brillar con más fuerza. Y si dudas de ello, mírame a mí: aquí estoy, con mis cicatrices convertidas en luz.

Reconocer que uno ha sido herido no es una señal de debilidad. Al contrario, es un acto de voluntad. Es decir con firmeza: *«Esto me pasó, esto dolió, esto lo estoy sanando. Pero esto no me define por completo».* Hay una versión que existía antes del golpe. Y hay otra que nació después: más consciente, más fuerte, más sabia. Ambas merecen respeto. *Porque sin la oscuridad, nunca hubiéramos encendido nuestra propia luz.*

Las cicatrices no son algo que ocultar. Son la prueba silenciosa de lo que se atravesó. De no haberse rendido, incluso cuando todo dentro decía que era más fácil hacerlo. Hay orgullo en eso. En seguir caminando, aun cuando nadie aplaudía. En seguir buscando sentido, aun cuando todo parecía roto.

Y cuando se comprende eso, ya no se necesita que otros lo reconozcan. Porque uno sabe lo que costó llegar hasta aquí. Cada lágrima, cada caída, cada reconstrucción. Y sigue de pie. Así que sí: hay que mirar las heridas. No para vivir en ellas, sino para honrarlas. Porque ya no duelen igual. Ya no sangran. Y no son símbolo de debilidad, sino de resistencia.

No somos lo que nos hirió. Somos lo que decidimos construir después de sanar.

Nos enseñaron a confundir dureza con fortaleza, a creer que solo éramos válidos si nos exigíamos hasta rompernos. Pero la verdadera fuerza no nace del castigo, sino de la firmeza de seguir de pie incluso cuando nadie lo reconoce. Porque habrá quienes solo vean lo malo —incluso familiares—, pero la fuerza real está en seguir avanzando, aunque el mundo se empeñe en olvidar lo bueno que ya has logrado.

La autocompasión no es autolástima. No se trata de justificar todo ni de evadir responsabilidades. Es simplemente mirar tus errores, tus heridas, tus días grises, y en lugar de juzgarte, acompañarte. Porque nadie sana desde el juicio. Uno solo se reconstruye cuando el trato que se da a sí mismo cambia. Cuando empieza a hablarse como le hablaría a alguien que ama.

Es fácil caer en la autocrítica. En esa voz que te recuerda todo lo que no lograste, todo lo que hiciste mal, todo lo que *«deberías haber hecho diferente»*. Pero esa voz, aunque suene fuerte, no es sabia. Es una parte de tu herida, intentando controlar lo que ya pasó. Y ahí es donde entra la autocompasión: como un acto revolucionario de amabilidad interna. Como una forma de decirte que no tienes que seguir castigándote para merecer amor.

La autocompasión es el terreno fértil donde el amor propio realmente echa raíces. *No puedes amarte si no eres capaz de perdonarte.* No puedes sostenerte si cada vez que fallas, te destruyes por dentro. Esas pequeñas crueldades diarias hacia ti mismo —cuando te llamas débil, insuficiente, tonto, ridículo— también dejan marcas. Marcas invisibles que te alejan de tu valor real.

Tratarte bien no significa dejar de crecer. Significa crecer desde otro lugar. Desde uno más humano, más real. Desde la conciencia de que eres alguien que está en camino, que está aprendiendo, que está intentando hacerlo lo mejor posible con lo que tiene.

Cuando aprendes a hablarte con más ternura, todo cambia. Ya no necesitas tener todo resuelto, solo estar disponible para ti. Porque esa es la base: no abandonarte. Incluso cuando falles. Incluso cuando retrocedas. Incluso cuando sientas que vuelves a empezar desde cero.

A veces, lo más valiente no es avanzar. Es no castigarte cuando no puedes avanzar. Es mirarte al espejo y decirte: «*Está bien. No hoy. Pero seguiré aquí. No me soltaré*».

Porque si no te tratas con compasión, *¿quién lo hará por ti?*

En nuestro camino de elegirse a uno mismo, uno de los mayores desafíos no siempre está dentro de nosotros, sino fuera: en el ruido constante de las opiniones, los juicios y las expectativas que la sociedad, la familia, los amigos e incluso desconocidos nos lanzan sin piedad. Es fácil perderse en ese mar de voces y sentir que tu valor depende de cuánto te aprueben o comprendan los demás.

Mi padre me dijo una vez algo que llevo siempre conmigo: «Existen tres tipos de personas en tu vida: están las hojas, que son pasajeras y se llevan el viento; las ramas, que pueden ser un apoyo, pero si te apoyas demasiado en ellas, se rompen; y las raíces, que son las verdaderas, las que sostienen y nutren, aunque pase cualquier tormenta». Esta metáfora es una brújula para entender con quién vale la pena contar y, sobre todo, en quién debes apoyarte para reconstruir tu amor propio.

No todos serán hojas, pero tampoco todos son raíces. En ocasiones, nos aferramos a ramas que no soportan nuestro peso, personas que no pueden acompañarnos en nuestro crecimiento, que quizás ni siquiera lo entienden. Y eso está bien. Es parte del proceso reconocer que no podemos gustarles a todos ni depender de la validación externa para saber quiénes somos.

Aceptar esta realidad es un golpe necesario, pero también liberador. Porque cuando dejas de cargar con la presión de agradar, empiezas a hacer espacio para elegir con consciencia quién merece estar en tu vida. Aprendes a poner límites claros, a decir «no» sin culpa, a alejarte de lo que te lastima o desgasta, incluso si eso significa perder a personas que no supieron sostener tu luz.

En este camino, rodearte de tus raíces —esos que te respetan, te aceptan, ven tu brillo y celebran tus logros como si fueran suyos— es esencial. Son quienes te recuerdan tu valor cuando tú dudas, quienes te acompañan sin pedir que cambies, quienes nutren tu paz y tu crecimiento con amor genuino.

Nadie dijo que sería fácil. El mundo puede ser duro, y a veces sentirás que luchas solo contra la corriente. Pero cada vez que eliges proteger tu espacio emocional y mantenerte fiel a ti mismo, estás cultivando un amor propio más fuerte, más auténtico y resistente.

No olvides: tú mereces tener raíces profundas que te sostengan, no hojas que se lleve el viento ni ramas que se quiebren. Y aunque el camino sea solitario en ocasiones, tu brillo es una llama que merece ser protegida, cuidada y, sobre todo, elegida cada día.

Porque la flor que se riega por sí misma, sin depender de estaciones ni de manos externas, en un futuro será la más bonita de todas. Esa flor es tu esencia, la que florece cuando la nutres con cuidado, comprensión y respeto. Y, aunque a veces el camino parezca lento o incierto, recuerda que lo importante no es la velocidad, sino la constancia con la que eliges amarte cada día.

Pero elegirse también es enfrentar la presión que viene de afuera. No solo la de las personas cercanas, la familia o amigos que opinan, juzgan o intentan manejar cómo debes ser. También la presión silenciosa, pero constante, de las redes sociales, donde la imagen que mostramos parece tener más peso que lo que realmente sentimos. En ese espacio digital, donde la comparación es la regla y el filtro es la norma.

Hay otros casos en los que el miedo a la opinión ajena paraliza, y buscar validación externa se vuelve un refugio, una forma de calmar la inseguridad. No es raro que, aún después de saber que mereces respeto y amor, sientas que debes demostrarlo al mundo, como si tu valor dependiera de cuántos «me gusta» o comentarios recibes.

Pero ahí está la verdad: tu valor no depende de la mirada de otros. No eres la suma de sus juicios ni la proyección de sus expectativas. En este camino de elegirte, aprenderás a escuchar la voz interna que no necesita altavoces, que no mide su valor en seguidores ni en aplausos, sino en la tranquilidad que sientes al ser auténtico contigo mismo.

En las relaciones cercanas, esa presión puede ser aún más intensa. Hay quienes, sin querer, ejercen control con sus opiniones, expectativas o silencios que pesan más que palabras. Elegirte a ti mismo implica también poner límites, entender que no tienes que cambiar para encajar o para complacer a otros, ni sacrificar tu esencia para evitar conflictos o rechazos.

A veces, esa presión llega disfrazada de preocupación o consejos que en realidad ocultan juicios o miedo a perderte. Otras veces, es la necesidad de aceptación la que nos hace ceder, a riesgo de olvidar lo que realmente merecemos.

Por ejemplo, en el mundo digital, esas mismas dinámicas se potencian. Las redes sociales pueden convertirse en un espejo distorsionado donde buscamos reflejarnos para sentirnos parte, para ser vistos. Pero ahí también debes recordar que la vida real no es un *feed* ni una historia. Elegirte es desconectar de ese ruido y volver a tu centro, ese lugar interno donde te reconoces completo, más allá de *likes* o comentarios.

Resistir la presión de demostrar quién eres es un acto revolucionario en tiempos donde la validación externa parece la moneda más valiosa. Pero esa revolución comienza cuando decides que tu mirada hacia ti mismo vale más que cualquier aplauso pasajero.

Al final, nadie más que tú puede sostener tu valor. Por mucho que el mundo intente dictar quién debes ser o cómo debes sentirte, la única verdad que importa es la que nace de tu interior. Elegirte no es un acto egoísta ni una huida; es la única forma real de sanar, crecer y construir relaciones que realmente sumen a tu vida.

En mi caso, recuerdo cuando me preocupaba mucho por lo que los demás pensaran de mí, necesitaba constantemente su validación para sentir que valía. Pero entendí que esa búsqueda solo me alejaba de mi paz. No fue fácil, pero dejar de depender de esas opiniones externas me permitió encontrarme de verdad conmigo misma.

No temas dejar atrás aquello o a quienes te hagan dudar de ti mismo. No te dejes atrapar por la necesidad de aprobación externa. Porque cuando eliges tu paz y tu verdad, abres espacio para un amor auténtico, un amor que no exige, que no condiciona, que simplemente respeta y acompaña.

Elegirte a ti, hoy y siempre, es el acto más valiente y revolucionario que puedes hacer. Y créeme, es también el que más recompensa trae, porque al hacerlo, recuperas tu brillo y construyes un camino donde la coherencia, la libertad y la felicidad no son un lujo, sino tu derecho innegociable.

No siempre es fácil mirar hacia dentro y decidir que, pese a todo, mereces seguir adelante. Pero esa decisión, esa chispa que enciendes en ti mismo, es el acto más valiente y real que puedes hacer. No se trata de ser invencible, sino de reconocer tu humanidad y ofrecerte el amor que tantas veces buscas afuera.

Cada paso, por pequeño que sea, es una victoria sobre las dudas y el miedo. No necesitas que nadie te dé permiso para valorarte, porque el respeto y el cariño verdaderos nacen cuando tú decides dártelos primero.

Ser la raíz fuerte en medio de la tormenta es un acto de coraje que te prepara para florecer y sostenerte, sin importar qué vientos soplen a tu alrededor.

Este proceso de elegirte es la semilla que, con cuidado y paciencia, se convierte en un brillo auténtico, en nuevas alas que te impulsan a volar hacia una vida más libre y llena de sentido. No olvides que si tropiezas en el camino, no eres menos ni te hace menos persona; más bien, agradece esos errores, porque es ahí donde se aprende de verdad.

Recuerda siempre: la flor que se cuida a sí misma florece con fuerza y elegancia, incluso en medio de la tormenta. Y tú eres esa flor. No dejes que nadie apague tu luz ni te haga dudar de tu valor. Sigue adelante, sigue eligiéndote. Ahí está la fuerza para transformar tu mundo y brillar con la luz que solo tú puedes dar.

17

Amor propio sin espejos

Dejar de buscarte en el reflejo de otros

A menudo creemos que necesitamos un espejo externo para saber realmente quiénes somos. Como si nuestra identidad y valor solo tuvieran sentido cuando alguien más nos lo confirma. Como si nuestras virtudes, logros o cualidades solo existieran si alguien las nombra o las reconoce. Esta necesidad de validación externa puede ser una trampa silenciosa y sutil que, sin darnos cuenta, va tomando control sobre nuestras emociones, decisiones y sobre la manera en que nos vemos a nosotros mismos.

Este hábito comienza de forma casi natural: buscamos la mirada de los demás que nos asegure que vamos bien, que hacemos las cosas correctamente, o simplemente una palabra que calme nuestra inseguridad, un *«lo estás haciendo bien»* o un *«estoy orgulloso de ti»* que nos haga sentir suficientes. Y no está mal, porque esos cumplidos y reconocimientos son necesarios y tienen un poder especial: nos conectan, nos nutren y nos hacen sentir acompañados en el camino. Nadie debería negar lo valioso que es recibir una palabra amable, una caricia o un gesto de apoyo sincero.

El problema aparece cuando esa mirada externa se convierte en la única que utilizamos para medir nuestro valor. Cuando permitimos que nuestra seguridad dependa exclusivamente del reflejo que los demás nos devuelven, dejamos de construir una imagen sólida desde dentro. Nos acostumbramos a depender de la opinión ajena, como si solo existiéramos en función de ella.

A veces esa opinión viene de la pareja, otras de un amigo, de la familia, un grupo social o incluso de las redes sociales. Cuando el reflejo que recibimos es positivo, nos sostenemos en él como si fuera el único cristal posible, frágil pero esencial. Pero ese cristal puede romperse, puede cambiar o desaparecer de repente. Y cuando eso pasa, duele. No solo por la ausencia de ese reconocimiento, sino porque nos damos cuenta de que no aprendimos a sostenernos por nosotros mismos, de que entregamos nuestro valor a manos que no siempre estuvieron dispuestas a cuidarlo.

Por eso es vital aprender a mirar hacia dentro, a escucharnos, a reconocernos con nuestra propia mirada, sin depender únicamente de la de los demás. Recibir cumplidos y valoraciones externas está bien y nos fortalece, pero nunca deben ser el único sustento para sentirnos valiosos. Porque nuestro valor verdadero no está en lo que otros reflejan de nosotros, sino en lo que nosotros sabemos que somos, con o sin el espejo ajeno.

A menudo, pensamos que «encontrarnos» es un momento mágico o una revelación repentina. Pero en realidad, encontrarse a uno mismo es un camino constante, una búsqueda diaria que requiere intención y paciencia. No es algo que sucede de golpe, sino un proceso en el que nos exploramos sin miedo, con curiosidad y sin juzgarnos.

Buscarse para encontrarse significa hacer un espacio dentro de nuestro día a día para escucharnos de verdad. No basta con las voces externas que nos dicen quién somos, qué debemos hacer o cómo debemos sentir. Necesitamos aprender a distinguir esa voz interna, a hacerle caso, incluso cuando sea débil o confusa.

¿Cómo hacerlo?

Aquí no hay fórmulas mágicas, pero sí prácticas que podemos ir incorporando poco a poco:

- Observar sin juzgar: Cuando surjan emociones intensas —miedo, tristeza, enojo o inseguridad— no las rechaces ni trates de taparlas rápido. Obsérvalas con atención, pregúntate qué mensaje traen, qué parte de ti están intentando mostrarte. Esto te ayuda a conectar con tu verdad más profunda.
- Preguntarte a diario: Dedica unos minutos para hacerte preguntas simples y honestas, como «¿Qué necesito hoy?», «¿Qué me hace bien en este momento?», «¿Qué siento cuando pienso en mí mismo?». Estas preguntas abren puertas a lo que está escondido debajo del ruido externo.
- Reconocer los impulsos de búsqueda externa: Cuando sientas ganas de pedir aprobación o validación a otros, detente un momento y redirige esa energía hacia ti. Pregúntate: «¿Cómo puedo apoyarme yo ahora? ¿Qué me diría una voz amorosa desde dentro?».
- Crear rituales de conexión: Ya sea escribir un diario, meditar, caminar solo o simplemente respirar conscientemente, estos pequeños actos pueden ser anclas que te devuelven a ti cuando el mundo te distrae.
- Aceptar la incertidumbre: A veces no tenemos claro quiénes somos ni qué queremos, y está bien. La búsqueda es también aceptar ese misterio, permitiéndote explorar sin presiones ni juicios.

Buscarse para encontrarse es, en definitiva, una invitación a ser protagonista de tu propia historia, a dejar de ser un espectador que depende del aplauso externo para sentir que existe. Porque solo cuando te buscas de verdad, puedes encontrarte con esa fuerza interna capaz de sostenerte y guiarte, sin espejos que se rompan ni voces que desaparezcan.

A veces, el ruido más fuerte no es el de una multitud. Es el de las opiniones, los juicios y las etiquetas que otros nos colocan sin conocer siquiera la verdad de lo que sentimos. A veces intentan callarnos no con gritos, sino con dudas. Con gestos que nos hacen pensar que no estamos haciendo las cosas bien. Que somos demasiado. O que no somos suficientes.

Yo, por ejemplo, durante mucho tiempo intenté encajar, hacer las cosas bien. Ser buena, cuidar, estar presente, no fallar a nadie. Mi intención era noble: no quería herir, ni molestar, ni decepcionar. Pero cuando el otro ya viene decidido a no ver tu luz, da igual cuánto brilles. Cuando alguien te quiere apagar, cualquier chispa tuya les parece demasiado.

Me empecé a nublar con todo lo que se decía de mí. Con las interpretaciones injustas, con las exigencias disfrazadas de consejos, con las miradas que no sabían nada de lo que me dolía por dentro. Y me alejé de mí misma, porque si muchas voces repiten lo mismo, acabas creyendo que tienen razón, que tú estás equivocado. Que tienes que cambiar para gustarles.

Hasta que algo dentro de mí hizo silencio.

No fue un silencio cómodo, de esos que se buscan. Fue uno que se impuso cuando ya no quedaban fuerzas para explicarme, para justificarme, para intentar demostrar quién era. Y en ese silencio, cuando ya no intentaba convencer a nadie, me escuché a mí.

Escuché mi intención, que siempre fue limpia. Escuché mi entrega, que nunca fue fingida.

Escuché mi luz, que estaba intacta, aunque la hubieran querido apagar.

Y entonces lo entendí: no se trata de silenciar al mundo, sino de aprender a escucharte por encima de ese ruido. Porque si te sigues guiando por la aprobación externa, te pierdes cada vez un poco más de ti. Porque hay batallas que solo tú sabes cómo has peleado. Y si alguien te juzga por cómo caminas, sin conocer el peso que llevas, ese juicio no te define: te recuerda que no todos están preparados para verte completo.

El silencio interior no es huida, es reencuentro.

Es ese momento en que dejas de reaccionar y empiezas a observar. Donde te das cuenta de que no necesitas cambiar tu esencia para agradar. Que puedes seguir siendo tú, aunque a algunos no les guste. Porque tu valor no depende de ser entendido por todos, sino de no traicionarte por encajar en moldes que no fueron hechos para ti.

Desde entonces, aprendí que a veces el camino más claro no lo marca el ruido de afuera, sino la voz que susurra dentro. Y que esa voz, aunque más suave, es la que más verdad contiene.

Y tú, si estás leyendo esto y te identificas con algo de lo que dije... si alguna vez te nublaron las voces externas, si sentiste que hacías todo bien y aun así no fue suficiente para otros, si quisiste encajar sin perderte, pero terminaste apagándote, te entiendo. No estás solo. No estás sola.

Quiero que recuerdes algo: tu intención habla más fuerte que cualquier juicio. Tu valor no disminuye porque alguien no lo vea. Y aunque ahora parezca difícil, llegará el momento en que harás silencio y escucharás tu verdad. Y ahí, justo ahí, volverás a encontrarte.

No dejes que el ruido del mundo apague la certeza de lo que eres. Porque, aunque muchos intenten definirte, tú eres quien escribe tu historia. Y si hoy dudas, quédate: la claridad llega, pero a veces solo se escucha en voz baja.

A veces, el mayor acto de amor propio es mirarte al espejo sin filtros ajenos. Sin necesidad de aplausos, sin necesidad de *likes*, sin la mirada de quien un día te hizo sentir valioso y luego te soltó. Es ahí cuando empiezas a reencontrarte. Cuando eliges verte con tus propios ojos, no con los ojos de los demás.

Reencontrarte no es una escena de película. No es un día claro frente al espejo, ni una frase que te cambia la vida. Es un proceso lento, a veces incómodo, lleno de silencios donde antes había ruido. Es mirar hacia dentro cuando antes solo sabías mirar hacia fuera. Es preguntarte quién eres, no para gustarle a nadie, sino para recordarlo tú.

Hay días en los que te costará reconocerte sin el reflejo de esa persona que te decía «qué bien lo haces», o sin ese grupo que solía reforzar tu identidad. Pero poco a poco, con paciencia, empiezas a reconstruir tu imagen desde dentro. Empiezas a ver tus valores, tus intenciones, tus límites. Y entonces ya no necesitas tanto que otros lo validen, porque lo estás viendo tú.

Volver a ti es darte cuenta de que no necesitas demostrar nada. Que tu valor no sube ni baja según la opinión de alguien. Que puedes equivocarte sin sentir que eso borra tu esencia. Que puedes ser malinterpretado sin traicionarte.

El verdadero reencuentro no es con tu versión perfecta, sino con tu versión real: la que a veces brilla y a veces duda. La que no siempre encaja, pero siempre es fiel a lo que siente. Y cuando te sostienes desde ahí... es cuando por fin te ves, sin espejos, sin miedo, pero con verdad.

Hay un punto en el camino donde ya no basta con dejar de buscarte en otros. Necesitas empezar a construir una imagen de ti que nazca desde adentro. Una que no tiemble cuando alguien no te entienda, que no se apague cuando no seas reconocido, y que no se distorsione cuando alguien te mire desde su propia herida.

Construir esa imagen no se trata de ignorar lo que piensan los demás, ni de volverte de piedra. Se trata de volver a ti. De preguntarte quién eres, no quién esperan que seas. Qué valoras tú, no qué aplauden ellos. Qué te mueve, qué te inspira, qué te sostiene cuando nadie te da palmaditas ni aplausos.

En mi caso, recuerdo el momento exacto en que mi voz interna, esa que había estado tan silenciada por el ruido de afuera, me habló con fuerza. Me dijo: «*Puedes con todo. Nadie te va a parar*». No fue una frase perfecta, ni un día mágico. Fue una certeza que nació del cansancio de haberme doblado tanto para encajar. Esa voz me encontró cuando empecé a notar cambios reales. Cuando ya no me perdía en cada opinión ajena, y mi brillo —ese que creí que me habían quitado— comenzó a regresar, lento pero imparable.

Cuando construyes tu imagen desde tu verdad, los cumplidos no te completan: te celebran. Las críticas no te derrumban: te revelan. Y la soledad no te asusta: te encuentra.

Claro que habrá días en los que dudes, claro que habrá opiniones que pesen más de lo que quisieras. Pero si has creado un lugar interno al que regresar, si has aprendido a verte con tus propios ojos, entonces ninguna mirada puede definirte del todo.

Tu reflejo más real no vive en otros. Vive en cómo te hablas cuando te equivocas, en cómo te sostienes cuando te sientes frágil, y en cómo te eliges incluso cuando nadie más te aplaude.

A veces crecer duele. Y más aún cuando ese crecimiento implica dejar de buscarte en las miradas ajenas, en los halagos o en las opiniones que no siempre te reflejan realmente. Pero también hay una libertad inmensa en volver a ti, en reconocerte sin depender de la aprobación de otros.

Porque tu valor no está afuera, sino dentro. En lo que sabes, en lo que sientes, en lo que has superado. En lo que eliges cada día. Y aunque a veces cueste verlo, aunque haya heridas que te hagan dudar, puedes aprender a mirarte con honestidad y sin necesidad de espejos prestados.

Serás como una mariposa que aprendió a mirar sus heridas sin rechazarlas. Que entendió que no debía esconderlas ni avergonzarse de ellas. Porque, al final, fueron esas cicatrices las que le dieron el color a sus alas. Y aunque nadie más lo entienda, tú sabes lo que pesan y lo que brillan.

Así que, si te reconoces en alguna de estas líneas, quiero decirte que puedes volver a ti. Aunque te hayas perdido o hayas buscado respuestas fuera. Tus alas cobrarán más fuerza y brillo si tú mismo decides cómo escribir tu historia. Lo que otros digan de ti es pasajero. Pero lo que tú sabes de ti, eso es lo que realmente te sostiene.

Te dejo mi último ejemplo, recuerdo que hubo momentos durante el duelo de mi relación en los que las emociones me golpeaban con fuerza. Sentía rabia, tristeza, confusión... y en vez de permitirme sentirlas, me juzgaba duramente. Me enfadaba conmigo misma por no poder «superarlo» rápido, por sentirme débil o frágil. Pero aprendí que esas emociones no eran enemigas, sino señales de que estaba viviendo un proceso necesario y humano.

Poco a poco, empecé a practicar la autocompasión: a tratarme con la misma amabilidad y comprensión que ofrecería a una amiga en la misma situación. En lugar de reprocharme, me escuchaba, me daba espacio para sentir sin culpa ni presión. Esta nueva mirada hacia mí misma trajo paz y tranquilidad. Sentí que estaba construyendo una versión más madura y auténtica de mí, una versión que no necesitaba castigarse por caerse, sino que se levantaba con ternura.

No siempre fue fácil. A veces, la voz interna seguía siendo dura y exigente. Pero, poco a poco, la autocompasión se convirtió en el refugio donde encontraba fuerza para seguir adelante. Escucharme sin juzgarme, aceptar mis heridas y mis limitaciones, fue el acto más profundo de amor propio que pude regalarme.

Hoy sé que esta compasión hacia mí misma es la base que sostiene todo lo demás. Sin ella, cualquier intento de amarme se vuelve frágil, porque el amor verdadero comienza por aprender a ser amable con la persona que está más cerca: *tú mismo.*

Querido, recuerda que la voz más importante en tu vida no es la que te critica ni la que exige perfección. Es la que te acompaña en silencio, que te abraza en tus caídas y celebra cada pequeño paso hacia adelante. Practicar la autocompasión es rebelarte contra un mundo que nos quiere duros y resistentes a cualquier costo. Es elegir la ternura como fuerza, la paciencia como motor, y el amor propio como el refugio inquebrantable donde siempre podrás volver, sin importar cuántas veces tropieces. No te castigues por sentir, no te niegues el derecho a sanar.

Porque solo cuando te trates con amor, podrás realmente brillar con todo el poder de tus alas.

18

La cicatriz que ahora brilla

Lo que dolió y ahora da luz

Durante mi duelo hubo muchos bajones. Caídas que parecían borrar de golpe todo lo que había conseguido avanzar. Y este que voy a contar fue uno de los más grandes. No lo escribo para volver a hundirme en aquel dolor, sino porque hoy, al recordarlo, puedo ver con claridad lo que me dejó: una cicatriz que ya no me duele, pero que ahora brilla como una prueba de mi transformación.

No podría decirte en qué día exacto ocurrió. No fue una fecha marcada en el calendario, ni un momento fácil de señalar. Pero sí hubo un instante, tan real como invisible, en el que sentí que ya no podía más. Como si la vida se me hubiera caído encima de golpe. Como si algo dentro de mí se hubiera roto de forma irreparable.

Mis heridas no solo dolían, sangraban. Eran profundas, abiertas, y arrastraban todo lo que no supe llorar en su momento. Las sentía vivas dentro de mí, como si cada recuerdo punzara en carne expuesta. Y lo peor es que no sangraban hacia afuera, sangraban hacia adentro. No se veían, pero lo inundaban todo.

Estaba agotada, vacía. Como si cada día fuera el mismo, una copia exacta del anterior, sin sentido, sin rumbo. Vivía dentro de una tormenta que no me daba tregua. Y aunque estaba rodeada de gente que me quería —mi familia, mis amigos—, yo no lograba sentir consuelo. Ellos sufrían por verme así. Recuerdo cómo me miraban con preocupación, sin saber qué hacer para aliviarme. Los pobres solo querían que yo estuviera bien, pero ni siquiera yo sabía qué necesitaba. Y eso me rompía aún más.

Me dolía más que ellos me vieran rota que estar rota realmente.

Hubo días en los que no podía ni mirarme al espejo, me tenía rabia y asco. No por cómo me veía físicamente, sino por cómo me sentía. Odiaba reconocerme así: débil, apagada, perdida. Evitaba verme en la cámara del móvil, en el reflejo de cualquier cristal. Quería cerrar los ojos hasta que todo acabara. Hasta que ese dolor tan injusto decidiera soltarme.

Recuerdo que muchas veces me repetía: *¿Por qué yo? ¿Por qué a mí? ¿Qué he hecho para merecer esto?* Yo solo quería hacer las cosas bien, sin hacer daño a nadie. Solo quería amar desde la verdad, desde lo más profundo. Pero me vi sumida en una oscuridad que no entendía, preguntándome cómo había acabado ahí. Y lo peor es que no encontraba respuesta. Solo tenía el eco de mi propia angustia retumbando dentro de mí.

A veces hablaba con mis amigos por llamada y, aun con ellos ahí, me sentía completamente sola. Les decía: *«Sé que estáis conmigo, pero no sé por qué siento este vacío».* Y aunque me acompañaban con todo su amor, ni siquiera ellos sabían cómo sostenerme. Era una soledad interna, tan honda, que ni el afecto externo podía alcanzarla.

Y, aun así, en medio de ese mar oscuro, pasó algo. No sé si fue la vida, la intuición, o simplemente el alma pidiéndome volver. Pero un día me vino un pensamiento como una cuerda salvavidas: *«Sal de aquí. No puedes seguir así. No puedes dejarte morir por esto».* Y esa voz fue el primer hilo de luz. Apenas una chispa, pero suficiente para recordarme que aún quedaba algo dentro de mí que quería vivir, algo que aún no estaba roto del todo.

Porque, aunque mis heridas seguían abiertas, yo ya no quería seguir desangrándome, ya no quería esconderme, ya no quería cargar con el peso de una culpa que no era mía, ni con un dolor que me había negado durante demasiado tiempo.

Ese fue el primer paso y, aunque aún quedaba mucho camino, aunque la tormenta no desapareció de inmediato, yo empecé a caminar, no con fuerza, no con valentía. Simplemente con lo único que me quedaba, pero con la convicción de que no podía quedarme ahí para siempre.

No sabría decir qué día fue. Solo recuerdo que un atardecer lila me abrazó distinto, y que, sin planearlo, dejé de buscar respuestas afuera. Me hice una pregunta que lo cambió todo: *¿Y si me pongo a mí primero? ¿Y si dejo de esperar que alguien me salve y empiezo a salvarme yo?*

Y ahí empezó todo.

Me aferré a lo más simple: a esa frase que repetía como un refugio —«todo pasa por algo»—, a los libros de psicología que me daban palabras cuando yo no encontraba las mías, a esos paseos que no me curaban, pero me daban calma, a los atardeceres rosados y lilas que parecían decirme sin voz que nada es para siempre ya que incluso los días más tristes también cambian de color, y a las mariposas que volaban cerca de mí, en las que me veía reflejada.

Y aunque mis heridas seguían ahí, poco a poco sentía que me dolían menos, no porque dejaran de existir, sino porque empecé a verlas de otro modo. Empecé a tratarlas con más compasión y menos rabia. Y a entender que si había caído tan hondo, también era capaz de subir. Que si había tocado fondo, también podía impulsarme desde ahí.

Entendí que si no hubiera cometido ciertos errores, nunca hubiera aprendido. Que no es malo equivocarse. Que hay dolores que vienen para abrirte los ojos y no para cerrarte el corazón.

Y cuando decidí ponerme a mí primero —de verdad, sin medias tintas—, algo cambió. Empecé a sanar lo que me rompieron, pero desde mí.

Ya no para demostrarle nada a nadie. Ya no para que él se diera cuenta de lo que perdió. Ya no para tapar la herida... sino para entenderla. Para cerrarla con mis propias manos. Para volver a ser yo, aunque ya no fuera la misma de antes.

A veces pensaba que sentir tanto era un error, que me hacía débil... Pero descubrí que mi sensibilidad era mi mayor fuerza. Que estaba bien sentir rabia, tristeza, angustia... pero, lo importante era no quedarme ahí. Aprender a observar esas emociones, darles un lugar, y luego seguir.

Y si fui capaz de salir de ese lugar tan oscuro donde ni siquiera podía mirarme al espejo... Entonces, puedo con todo. Pero con calma, con prioridad y con amor. Porque lo entendí: nadie va a cuidarte como tú puedes cuidarte cuando decides no soltar tu propia mano.

A veces la vida nos coloca en situaciones que parecen sacudir todo lo que creíamos estable. En mi caso, hubo un momento clave durante la relación que tuve, en el que, sin darme cuenta al principio, empecé a ver las cosas con más claridad. Fue como si una venda se quitara lentamente de mis ojos, y pude percibir la realidad de una forma que antes me era imposible. Ahora sé que agradezco profundamente que eso ocurriera, porque fue el detonante para abrir mi mirada y enfrentar verdades que había estado evitando.

Las actitudes que recibí, la falta de empatía y el modo en que me hizo sentir insuficiente, me dolieron más de lo que podía expresar. Esas experiencias, aunque desgarradoras, me obligaron a cuestionar mi valor y el lugar que merezco en cualquier relación. Sin embargo, fue precisamente ese dolor el que me llevó a despertar y a comprender que no puedo ni debo permitir que nadie me haga sentir menos o me apague el brillo que llevo dentro.

Fue entonces cuando entendí que el respeto y la empatía que merezco tienen que comenzar por mí misma, y que no debo ceder ante comportamientos que dañan mi autoestima ni justificar actitudes que hieren mi alma.

Esa revelación me hizo darme cuenta de que estaba aferrada a una realidad que no me hacía bien y que, para poder avanzar, necesitaba soltar lo que me hacía daño.

Desde ese instante, cuando la vida me presenta situaciones similares, ya no me dejo arrastrar por el miedo o la inseguridad. En lugar de eso, me detengo, respiro y analizo con calma lo que sucede. Aprendí que puedo elegir cómo responder, y esa elección me ha dado una fuerza que antes no conocía, una fortaleza que me impulsa a seguir adelante con paso firme y decidido.

Y te voy a ser sincera en algo que me ayudó en mi camino: Las mariposas, ya que para mí simbolizan ese proceso de transformación. Como ellas, rompí con lo que me lastimaba, sané heridas profundas que alguna vez parecieron imposibles de cerrar. Ahora, esas marcas son las alas que me permiten volar con un brillo único y poderoso. Son la prueba viva de que el dolor puede convertirse en luz y en fuerza.

Tú, si estás en medio de una tormenta emocional, recuerda que ese dolor puede ser el inicio de tu transformación. No estás solo. Puedes sanar, puedes brillar. Solo necesitas darte la oportunidad de elegirte una y otra vez, con paciencia y amor, porque al final, eres tú quien sostiene la luz que ilumina tu camino.

Para mí, las mariposas son mucho más que un simple insecto. Son un símbolo vivo de transformación, de resiliencia y de belleza nacida del cambio. En cada etapa de mi proceso de sanación, ellas han estado presentes como una guía silenciosa que me recuerda que, aunque el camino sea difícil, es posible emerger con unas alas nuevas y más fuertes.

Las mariposas me acompañan desde siempre, pero en los momentos más oscuros fue cuando aprendí a mirar su significado con profundidad. Me tatué dos mariposas: una en reposo, delicada y serena, y otra en pleno vuelo, mostrando su fuerza y libertad. No fue un acto impulsivo ni solo estético, sino una declaración de mi propia historia. Esa mariposa que vuela representa todo lo que he logrado a pesar de las heridas, las caídas y las dudas. Es la metáfora de mi proceso, de cómo he aprendido a sanar y a brillar con luz propia.

Para mí, cada aleteo de esa mariposa es un gesto de fuerza. Con cada movimiento dejo atrás las sombras que intentaron detenerme y, a la vez, dejo un rastro de brillo —un brillo que nace del amor propio, de la aceptación y del coraje de seguir adelante—. Ese brillo no es solo mío, es también un faro para quienes están luchando, una señal que dice «sí se puede, sí vale la pena».

Así que, cada vez que miro mis tatuajes, siento un recordatorio de que mi historia vale la pena ser contada y que mis alas, aunque marcadas, siempre estarán listas para volar y dejar un rastro de luz en cada paso que doy...

Y, de verdad, si pudiera hablar con alguien que está ahora mismo en ese lugar oscuro, le diría sin dudar que sus sentimientos son válidos. Que está bien sentirse vacío, confundido, agotado. Que no es fácil atravesar esa tormenta y que a veces parece que nunca terminará. Pero también le diría que dentro de ese dolor hay una semilla de esperanza, una promesa de que la luz volverá a brillar, aunque aún no la podamos ver.

Y que habrá días en los que querrás rendirte, en los que el peso del sufrimiento será tan grande que sentirás que no tienes fuerzas para dar un paso más. Pero justo en esos días es cuando más importante es recordar que la salida existe.

Que, aunque el camino sea lento y a veces tortuoso, cada pequeño avance cuenta y que cada amanecer es una nueva oportunidad para sanar. Todo tiene solución, aunque no siempre sea inmediata ni fácil. La diferencia está en cuánto deseas cambiar tu historia, en cuánto te atreves a querer salir del dolor y ponerte a ti mismo en primer lugar. Porque esa voluntad de luchar por ti es lo que impulsa la transformación.

Quiero que sepas que no estás solo. No tienes que enfrentar esta batalla en silencio ni con miedo. Permítete pedir ayuda, aceptar los brazos que te ofrecen apoyo y encontrar en tu interior la fortaleza que quizá ahora no sientes, pero que está ahí, esperando que la despiertes.

Yo estuve donde estás tú ahora. Y, aunque parecía imposible, logré salir. La luz volvió a mí y su brillo creció con cada paso que di, con cada lágrima que dejé caer, con cada vez que me levanté a pesar de todo.

Por eso te ofrezco mi mano, mi voz y mi esperanza. Porque sé que, aunque hoy no puedas verlo, la calma después de la tormenta te está esperando. Solo tienes que dar ese primer paso hacia ella, con valentía y amor propio. Sigue volando, *pequeña mariposa*, que tus alas guardan el poder de iluminar el mundo con tu luz única.

19

Volver a casa

El reencuentro con mi niña interior

Hubo un instante en el que no me encontraba. Aunque estaba viva, sentía que algo en mí se había apagado. No sabía qué parte exactamente, pero el brillo ya no era el mismo. Y si miro hacia atrás, puedo decir con claridad que todo comenzó cuando empecé a alejarme de mí sin darme cuenta. Me vacié poco a poco mientras intentaba llenar una relación que no tenía espacio para mí.

Me dejé a un lado. No de golpe, sino en pequeños actos silenciosos que pasaron desapercibidos incluso para mí. Dejé de preguntarme cómo me sentía y empecé a vivir esperando cómo se sentiría él. Dejé de tener momentos a solas, de buscar mi rincón, de mirarme con honestidad. Mi tiempo se convirtió en su tiempo, mis prioridades en sus necesidades y mis emociones en un cuarto que siempre quedaba al final del pasillo. Yo me convertí en una sombra que lo seguía, esperando ser vista, deseando ser valorada, ansiando que mi presencia bastara.

Y cuando eso no pasaba, dolía. Dolía como una espina clavada en el pecho que ya no sabes si forma parte de ti o si aún puedes sacarla. En esa relación me olvidé de buscar un hueco para mí. Vivía para él, giraba en torno a él y, al final, me perdí en él. La única referencia que tenía de mí eran sus ojos y, cuando esos ojos dejaron de mirarme como antes, me sentí invisible.

Recuerdo las últimas palabras que él me dijo antes de dejarlo todo atrás: «*Por muy pequeña que seas, has conseguido dejarme huella en el corazón*».

Y esa frase me quebró, no porque me hiciera sentir menos, sino porque me mostró cuánto había entregado. Me di cuenta de que no era cuestión de tamaño o de medida, sino de profundidad: de cómo algo tan mío podía dejar huella en otro corazón. Era como si nuestras almas, al encontrarse, fueran capaces de reconocerse y marcarse para siempre.

Ahí lo entendí: me había alejado tanto de mi centro emocional que ni siquiera podía reconocerme. El ruido externo —su voz, sus gestos, sus silencios— se volvió más fuerte que mi propia voz interna. Y cuando eso pasa, una ya no sabe ni qué quiere, ni qué siente, ni quién es. Todo se vuelve confuso, nublado, ajeno.

Me dolía todo. Y sentía rabia, angustia, agotamiento, tristeza... una mezcla tan intensa que me sobrepasaba. Me dolía la forma en que tuvieron que pasar las cosas, pero gracias a ello pude darme cuenta de muchas verdades. Y ahí fue cuando la vida me dio la oportunidad de reencontrarme conmigo misma, esta vez de verdad.

A veces, en medio de una relación, un vínculo o cualquier duelo que se desgasta y consume, nos olvidamos de la persona más importante: nosotros mismos. En mi experiencia, como ya dije al principio, fue un proceso silencioso y doloroso, en el que poco a poco me fui dejando atrás sin darme cuenta. Seguía entregando, sacrificándome y luchando, aunque dentro de mí sentía que me estaba perdiendo.

El miedo era una sombra constante que me detenía: miedo a soltar, miedo a enfrentar la soledad, miedo a lo desconocido. Ese miedo, a veces invisible, se convirtió en una prisión silenciosa que me ataba a una realidad que ya no me hacía bien.

Durante ese tiempo, las señales de alerta estuvieron ahí, claras y fuertes, como pequeñas alarmas internas que intentaban llamar mi atención. Pero las ignoré. Preferí taparlas con esperanza, con el deseo de que las cosas cambiaran, con la ilusión de que la relación podría sanar si yo hacía todo lo posible por sostenerla.

Callé mis dudas, mis dolores y mis necesidades, creyendo que el silencio era la única forma de mantener lo que tenía. Sin embargo, ese silencio solo hizo que el dolor se acumulase y se profundizara, causando heridas invisibles pero muy reales.

La factura emocional fue alta. Esa decisión de ignorar mi verdad, de ceder a las inseguridades y a las exigencias ajenas, me pasó factura de manera profunda. Sentí el impacto en mi ser más íntimo, en ese lugar donde reside nuestra esencia, nuestra luz y nuestra fuerza. Fue un golpe fuerte que despertó una alerta: no estaba bien, no merecía ese desgaste, no debía seguir perdiéndome para sostener algo que ya no alimentaba mi alma.

El momento de abrir los ojos no fue un instante sencillo, sino una batalla interna entre lo que creía y lo que realmente necesitaba. En ese despertar comprendí que estaba en el lugar equivocado, con una persona que no me valoraba ni respetaba lo suficiente. Pero, sobre todo, entendí que la responsabilidad y el amor más grande debían ser hacia mí misma. Reconocerlo fue el primer paso para comenzar un camino de regreso a casa, *hacia mi niña interior,* hacia el centro de mi verdad, donde puedo sanar y volver a ser completa.

Este proceso de reencuentro es una oportunidad para mirar hacia dentro, para abrazar las partes más frágiles y fuertes, para encontrar la paz que nace del amor propio.

A veces, es necesario pasar por la oscuridad para apreciar la luz, para sentir que la tormenta nos ha fortalecido y nos ha dado alas nuevas para volar. Y es en ese vuelo donde cada uno de nosotros descubre la libertad que siempre estuvo dentro.

Sentir paz después de tanto caos fue un regalo inesperado. Cuando finalmente decidí priorizarme, me invadió un orgullo silencioso y profundo, una calma que no había conocido antes. Era como si una niebla espesa que nublaba mi mente y mi corazón comenzara a disiparse lentamente, revelando una nueva claridad.

La mentalidad que antes me mantenía encadenada al sufrimiento cambió radicalmente. Ya no era la misma persona vulnerable y perdida; me convertí en alguien más fuerte, con una voluntad firme y una mirada decidida hacia adelante.

Este cambio no fue casual ni repentino. Fue el golpe de realidad —esa cruda verdad que me obligó a soltar lo que ya no servía— el que me despertó. Entendí que seguir atada a esa historia solo prolongaría mi dolor y me impediría crecer. Fue duro, sí, pero también liberador. Abrí los ojos y comprendí que merecía algo mejor, que merecía elegirme a mí misma por encima de todo.

Así, con el tiempo, fui construyendo una versión renovada de mí misma: más fuerte emocionalmente, con una mente clara que no se distrae con dudas ni miedos inútiles, más enfocada en mis sueños y necesidades. Aprendí a cuidarme con amor propio genuino, sin excusas ni condiciones. Me di cuenta de que cada paso que daba hacia mí era un aleteo de mis nuevas alas, que con cada movimiento dejan un rastro de brillo, esa luz interna que antes apenas podía vislumbrar.

A ti, que estás leyendo esto, quiero decirte que cuando decides elegirte de verdad, cuando tomas esa valiente decisión de ponerte en primer lugar, tienes una alta probabilidad de re-encontrarte con tu niño o niña interior, esa parte vulnerable y auténtica que guarda tu esencia más pura. Y cuando eso sucede, llega una paz profunda, esa calma que nace de aceptarte y amarte tal como eres, con tus heridas, tus cicatrices y tu luz. Esa paz es el comienzo de un vuelo nuevo, con fuerza renovada y alas que no temen al viento.

Aceptar que las heridas emocionales existen es el primer paso para poder avanzar en cualquier proceso de sanación. No es fácil reconocer que algo dentro de nosotros está lastimado, que duele de verdad y que esa herida no es algo superficial o pasajero. Son dolores profundos, que a veces no se ven, pero que se sienten en cada latido del pecho, en cada pensamiento que ronda la mente y en cada lágrima que no siempre sale, pero que se acumula silenciosa.

No se trata de negar ni esconder ese dolor ni de pretender que todo está bien cuando por dentro se siente un vacío o una tormenta constante.

Es válido sentirse vulnerable; es humano sentir que duele, que pesa, que a veces parece que el mundo se ha detenido y que esa tristeza o esa rabia no tienen fin. Reconocer la herida es mirarla a los ojos, sin miedo ni evasión, y permitir que ese dolor se exprese, aunque sea en silencio o en pequeñas señales que solo tú puedes notar.

Negar que algo duele no lo hace desaparecer; al contrario, esas heridas ignoradas pueden crecer, enquistarse y controlar nuestra vida sin que nos demos cuenta. Por eso, aceptar que las heridas existen y que duelen es un acto grandísimo y también de amor propio. Es como cuando nos cortamos la piel: no tapamos la herida con indiferencia, sino que la limpiamos, la cuidamos y le damos tiempo para sanar.

Reconocer el dolor también significa dejar de luchar contra uno mismo, dejar de culparse por estar sufriendo o por sentirse débil. No eres menos fuerte por tener heridas, no eres menos valioso por sentir ese dolor.

Por el contrario, aceptar esas heridas es un paso inmenso hacia la libertad, porque solo desde la verdad y la aceptación podemos comenzar a soltar lo que nos lastima.

Cuando abracé mis propias heridas, entendí que no me definían, que no eran mi identidad, sino solo partes de mi camino; cicatrices que mostraban que había vivido, que había sentido, que había resistido. Y aunque dolían, me enseñaron también a ser más fuerte, más auténtica y consciente de mí misma.

Así que, querido lector o lectora, si sientes que tus heridas pesan demasiado, quiero que sepas que está bien. Está bien sentir, está bien doler. No te niegues la oportunidad de reconocer esa parte de ti que está lastimada. Porque solo cuando abrimos los ojos a nuestras propias heridas podemos empezar a sanarlas de verdad.

Sanar una herida emocional no es fácil, y tampoco es un proceso lineal, ni rápido, ni cómodo. Sanar implica atravesar varias etapas, muchas veces repetidas, que forman parte natural del duelo que sentimos cuando perdemos algo o a alguien importante, o cuando dejamos atrás una versión antigua de nosotros mismos.

Las fases del duelo son como un mapa para comprender lo que pasa por dentro, para darnos permiso de sentir sin culpas ni juicios. Aunque cada persona las vive a su manera, estas son las etapas más comunes:

1. **Negación**. En esta fase inicial, es común no querer aceptar lo que ha sucedido o lo que se está perdiendo. Nos negamos a creer que la herida es real o que el cambio es definitivo. Es un mecanismo de defensa para protegernos del dolor más intenso, como si nuestro corazón necesitara tiempo para prepararse.

2. **Ira**. Cuando la realidad comienza a hacerse visible, puede surgir la rabia. Ira hacia uno mismo, hacia los demás o hacia las circunstancias que nos hirieron. Es una reacción natural y válida, porque duele sentirse traicionado, abandonado o incomprendido.

3. **Negociación**. En esta fase, nuestra mente intenta buscar soluciones o acuerdos para evitar el dolor. Pensamientos como «si hubiera hecho tal cosa» o «si él/ella cambiara» son comunes. Es un intento de recuperar el control o de encontrar esperanza.

4. **Tristeza**. El peso de la pérdida se vuelve inevitable y profundo. Esta etapa puede sentirse como un abismo, donde la tristeza y el vacío dominan. Aunque es dura, es también necesaria para procesar la realidad y empezar a soltar lo que ya no está.

5. **Aceptación**. Finalmente, cuando se llega a esta etapa, no significa que el dolor desaparece, sino que se aprende a vivir con él de manera más tranquila. Es el momento en que comprendemos que, aunque hubo sufrimiento, hay espacio para la paz, para el aprendizaje y para seguir adelante.

Cada fase puede durar diferente tiempo y no hay una «forma correcta» de vivirlas. Lo importante es permitirnos sentir, transitar esas emociones sin apresurarlas ni juzgarlas. A veces volvemos a fases anteriores, a veces pasamos por todas rápidamente o a veces algunas ni se sienten tan intensamente.

Conocer estas fases me ayudó mucho a entender que mis altibajos emocionales no eran fallas mías, sino parte del proceso natural para reconstruirme. Me di permiso para estar triste, para enojarme, para sentir miedo, sin que eso significara que no avanzaba.

Sanar no es borrar la herida, sino integrarla, hacerla parte de nuestra historia sin que nos limite. Y, para eso, debemos ser pacientes y compasivos con nosotros mismos, como si fuéramos ese amigo o amiga que necesita un cuidado o un abrazo cálido y sin condiciones.

Sanar implica regresar a ese lugar sagrado dentro de nosotros que a menudo olvidamos: *nuestro niño interior*. Esa parte inocente, pura, llena de sueños y emociones sin filtro, que en algún momento quedó herida, olvidada o silenciada.

Yo, por ejemplo, cuando decidí elegirme a mí misma, cuando di el paso de dejar atrás esa relación que me estaba dejando atrás, abrí la puerta para volver a casa. Volví a conectar con esa esencia que me hace quien soy, con mi verdad más profunda, con ese ser que siempre mereció amor y cuidado.

Reconocí que mi niña interior había estado ahí todo el tiempo, esperando a que la escuchara, a que la abrazara, a que le dijera que estaba bien sentirse vulnerable, que no estaba sola. La encontré en mis lágrimas, en mis dudas, en mis miedos, pero también en mis pequeños logros, en mis momentos de paz y valentía.

Volver a casa no significa volver atrás, sino avanzar con una base más sólida. Significa integrar esas partes de uno mismo que alguna vez fueron frágiles y convertirlas en fuerza, en luz. Es un acto de amor profundo hacia uno mismo, de aceptación incondicional.

Cuando conectas con tu niño o niña interior, encuentras un refugio seguro dentro de ti, un espacio donde puedes descansar, sanar y crecer sin máscaras ni juicios. Ese reencuentro te da la paz que tanto buscabas afuera y que, en realidad, siempre estuvo dentro.

Es un proceso delicado, a veces doloroso, pero también liberador y transformador. Porque solo cuando abrazamos esa parte auténtica y vulnerable podemos caminar con paso firme hacia la libertad emocional.

Volver a ese refugio interno no es un camino fácil. Es un proceso que suele pasar por distintas fases, como el duelo que acompañamos cuando perdemos algo importante. En la sanación reconocemos primero el dolor y la negación, luego la ira, el duelo profundo, la aceptación y finalmente la paz.

Siendo honesta, volver a casa, a mi niña interior, me permitió encontrar calma en medio del caos, una luz que no dependía de nadie más que de mí misma. Me hizo fuerte para enfrentar el mundo con una nueva perspectiva basada en el amor propio y la compasión hacia mis propias vulnerabilidades.

Este reencuentro me enseñó que cada etapa del duelo es necesaria y válida. Que no hay prisa ni forma correcta de sentir, sino que el verdadero camino está en permitirme sentir, aceptar y avanzar. Y así, poco a poco, fui recuperando mi centro, mi esencia y la paz que creí perdida...

Ahora, me gustaría hablar primero de esas personas que aprendieron a caminar sin que nadie les tome de la mano. De quienes llevan el peso del mundo en sus hombros y, aunque por dentro sientan que ya no pueden más, siguen adelante paso a paso, en silencio. De aquellos que se han convertido en su propio refugio, en su propia fuerza y, muchas veces, en el único abrazo que se permiten recibir.

No siempre fue una elección consciente. Más bien, fue una necesidad nacida de la experiencia. En mi caso, me pilló esta situación bastante pequeña, una niña que confió hasta en su propia sombra, que dio todo sin medida, que abrió su corazón con esperanza y, aun así, fue traicionada donde más buscaba cuidado. Aprendí, a golpe de decepciones, que no todo el mundo sabe sostener lo que le entregas, que hay quienes aparentan ser suaves y cercanos, pero llevan colmillos escondidos.

Esa verdad, tan dura como necesaria, me llevó a cerrar puertas, a guardar mis problemas en un rincón oscuro para que nadie más los lastimara. Me convertí en quien recogía sus propios pedazos con manos temblorosas, en quien lloraba sola cuando las lágrimas me quemaban demasiado. Y, aunque ese camino puede parecer solitario y frío, también es una forma de fortaleza. Porque estar solo no significa estar vacío, sino encontrar en uno mismo el lugar donde volver a ser entero.

Y no te sientas mal por ser así, por preferir cargar con tu dolor sin que otros lo vean ni por necesitar tiempo y espacio para recomponerte en silencio. No hay vergüenza en protegerse y en aprender a ser tu propio refugio. Esa resistencia, esa valentía callada, es un acto profundo de amor hacia ti mismo, aunque a veces cueste reconocerlo.

Es cierto que no es fácil. Hay días en los que el peso parece demasiado y la soledad duele más que nunca. Pero también hay un aprendizaje profundo en ese silencio, una enseñanza que solo se descubre cuando decides no rendirte, cuando eliges sostenerte y seguir avanzando sin que nadie te empuje.

No hablo de orgullo ni de frialdad. Hablo de una resistencia que nace del dolor, sí, pero también de una valentía callada que se convierte en el motor para reconstruirse una y otra vez. Ser quien se basta a sí mismo es un acto de amor, aunque a veces cueste reconocerlo.

También quiero hablar de esas personas que no se callan el dolor. Que se atreven a compartirlo. Que abren su alma para dejar que alguien más entre. Aquellos que, cuando todo duele, buscan consuelo en la voz de un amigo, en un abrazo, en una mirada que dice: «Estoy aquí».

Y no, no hay nada de malo en eso. Al contrario: qué fortuna es poder contar con alguien. Qué alivio tan profundo sentir que no todo depende únicamente de tus fuerzas. Poder llorar acompañado. Poder hablar sin miedo a ser juzgado. Poder soltar el peso sin cargarlo solo... eso también es sanación. Eso también es valentía. Es belleza. Es humanidad.

No te sientas menos fuerte por necesitar ayuda. No te culpes por no poder con todo tú solo. Pedir ayuda no es rendirse. Es reconocerse humano. Es mirar tus propias heridas con amor suficiente como para decir: «Hoy no puedo solo, *¿te quedas un rato?*». Y abrir el corazón no te hace débil. Te hace real.

Te hace valiente por confiar aun sabiendo que existe el riesgo. Porque sí, claro que puede doler. A veces, quien más promete quedarse es quien primero se va. Pero cuando encuentras a alguien que se queda —que no juzga, que no intenta arreglarte, que simplemente está—, entiendes el valor profundo de la compañía.

Y es importante dejarlo claro: apoyarte en alguien no significa dejar tu carga en sus manos. No se trata de llenar tus vacíos con la presencia de otros ni de delegar tu responsabilidad emocional. Se trata de permitirte no caminar solo. De saber que hay alguien al lado que, aunque no lleve tu peso, camina contigo. Que, aunque no pueda sanar tus heridas, al menos te pasa la venda. Es compañía, no dependencia. Es un respiro compartido, no un intento de fuga.

A veces, esa persona aparece en los peores días. En forma de amigo, de pareja, de familia... o incluso de alguien que no esperabas. Y cuando aparece, no se trata de depender, sino de permitirte ser acompañado. Porque incluso las personas más fuertes merecen tener un lugar donde descansar. Porque nadie debería cargar con todo siempre. Nadie nació para luchar solo cada batalla.

Y si eres de los que sí pueden hablar, de los que encuentran alivio en abrirse y en compartir, cuida ese don. Cuida a quienes te escuchan con el corazón abierto. Agradece ese espacio y sigue permitiéndote sanar con otros. No por debilidad, sino por sabiduría. Porque la vida no siempre va de resistir: también se trata de rendirse a lo humano, de descansar, de dejarse abrazar.

Porque sanar también puede ser eso: encontrar un refugio en otro pecho. Y entender que pedir ayuda no te hace menos... te hace más tú.

Pero... siempre con cuidado por donde caminas, porque no todos aparentan lo que realmente son. Que tu corazón siga abierto, sí... pero con tus límites bien puestos. Porque no todos merecen saber lo que te duele, ni todos merecen entrar en lo que tanto te costó reconstruir.

Por último, quiero hablar de quienes son una mezcla de ambos mundos. De esas personas que, a veces, pueden con todo solas y otras veces necesitan un abrazo, una palabra, una mano que las acompañe. Que saben sostenerse, pero también saben cuándo dejarse sostener. Que no ven esas dos realidades como opuestas, sino como partes complementarias de su humanidad.

No hay una fórmula única ni una manera correcta de vivir el proceso de sanar y crecer. A veces, la fortaleza está en estar solos y hacerse compañía a uno mismo. Otras, la valentía está en abrirse y confiar, en permitirse ser vistos y ayudados. Y a veces, esa valentía es tener la humildad de bailar entre ambas, sin culpas ni miedos.

Si te reconoces en esta mezcla, quiero que sepas que está bien así. No tienes que elegir un solo camino ni justificar cómo te sientes o actúas. El amor propio también es aceptar y abrazar todas las partes que te hacen quién eres, con sus luces y sombras, con sus fortalezas y sus dudas.

Ser esa mezcla no es señal de debilidad, sino de sabiduría. Es entender que nadie es solo una cosa y que el equilibrio se construye poco a poco, en ese diálogo constante entre tu fuerza interior y el apoyo que te rodea.

Y recuerda siempre: seas como seas, el camino es solo tuyo, y solo tú tienes el poder de decidir cómo recorrerlo.

En el fondo, amarte es cuidar a ese niño interior que a veces se siente solo o vulnerable. Reconocer sus miedos, sus dudas, pero también su capacidad infinita de asombro y resistencia. Deja que ese niño te guíe, que te muestre que no hay una sola forma de sanar, sino tantas como besos y abrazos que le des.

Porque, al final, este camino no se trata de elegir entre ser fuerte o buscar apoyo, sino de aceptar la complejidad del ser humano. De comprender que está bien necesitar y también estar bien en soledad. Que está bien pedir ayuda y también aprender a sostenerse uno mismo.

Cuida a ese niño interior con paciencia y ternura. Escúchalo, abrázalo y permítele crecer en libertad. Porque en ese cuidado está la semilla para volar con tus propias alas, en tu tiempo y a tu manera. Sana a tu ritmo, sin prisas ni culpas, y que recuerdes que el verdadero hogar siempre está dentro de ti.

20

Ya no me busco en nadie

Sanar el deseo de ser reconocida por quien no supo verme

A veces me encuentro pensando en lo mucho que quise que esa persona me viera. Pero no me refiero solo a que notara lo que dolía o lo que no funcionaba. Me refiero a que me viera de verdad. Que pudiera mirar más allá de mis heridas, más allá de todo lo que me rompió, y alcanzara a ver lo que yo también era: alguien que estaba intentando salir adelante, que quería sanar, que seguía luchando a pesar de todo.

Quería que viera esa parte de mí que brillaba bajito, pero que brillaba igual. La parte que no gritaba, pero que seguía caminando. No porque necesitara su aprobación. Ni siquiera por querer recuperar algo. Era más una necesidad del alma. Un *«mírame, no por lo que fui contigo, sino por lo que estoy intentando ser sin ti»*.

Y no es algo que me pase solo a mí. Sé que mucha gente, en algún punto, ha sentido eso. Como ese deseo silencioso de que alguien que fue importante vea quién eres ahora. No para demostrarle nada, sino para que no se quede con una versión incompleta. Para que no piense que eso roto era todo lo que había en ti. Para que sepa, aunque sea por un segundo, que no fuiste solo dolor.

Y es cierto también que muchas veces me repetí que ya estaba bien. Que había sanado, que ya estaba del otro lado. Y en parte era verdad. Había partes de mí que sí estaban creciendo, que se sentían más fuertes. Pero también había otras que seguían dolidas. Que no sabían bien qué hacer con tanto recuerdo. Y ahí estaba yo, intentando convencerme de que ya no dolía tanto, aunque a veces todavía pesara.

No fingía exactamente. Pero sí me ponía una especie de escudo. Para seguir funcionando. Para no sentirlo todo tan de golpe. Y también —aunque me cueste admitirlo— para demostrarme a mí misma que podía. Que incluso con las grietas, estaba de pie. Que podía seguir sin esa persona. Y que eso también era una forma de fuerza.

Y sí... cuando sabía que íbamos a coincidir en algún lugar, había una parte de mí que quería que me viera. Que notara que estaba cambiando. Que mirara, aunque fuera de lejos, todo lo que había reconstruido con mis propias manos. No por revancha. No por orgullo. Solo porque, en el fondo, seguía siendo humano desear ser visto.

Porque no era que me estuviera mintiendo. Ni que estuviera armando un *show*. Era mi forma de avanzar. De hacer camino, aunque doliera. De levantarme, aunque a veces no supiera bien cómo. Y aunque por dentro siguieran algunas cosas sin resolverse, eso no hacía menos valioso lo que ya estaba sanando.

No me hace menos auténtica haber sentido eso. Creo que todos, en algún momento, hemos querido que alguien note lo que estamos logrando. Sobre todo, si ese alguien nos conoció en uno de nuestros peores momentos. Queremos que vea que no nos quedamos ahí. Que algo en nosotros sigue vivo, aunque ya no estemos en su vida.

A veces ese deseo es solo eso: un reflejo de lo que todavía nos duele. Y otras veces es una forma de recuperar poder, de recordarnos que podemos ser luz incluso cuando nadie nos acompaña.

Con el tiempo me di cuenta de que eso también era parte del proceso. Que no estaba mal sentirlo. Que no me volvía débil por querer que me miren. Ni por desear que, aunque sea por un segundo, alguien sepa cuánto me costó estar donde estoy.

Pero también aprendí a preguntarme: *¿esto lo estoy haciendo por mí o para que me vea él? ¿Estoy buscando paz o estoy disfrazando el dolor?* Y la verdad es que muchas veces las respuestas eran confusas. Porque no todo es blanco o negro. A veces uno se arregla porque quiere sentirse bien... y a veces porque espera cruzarse con alguien y no querer salir corriendo.

Lo importante es que empecé a ser honesta conmigo. A reconocer cuando estaba brillando por dentro... y cuando solo estaba tratando de parecer fuerte por fuera. Y me fui dando cuenta de que no necesitaba demostrar nada. Que si estaba bien, que fuera porque realmente lo sentía. Y si no lo estaba, también estaba bien. Podía darme tiempo. Podía acompañarme en el proceso sin fingir que ya estaba todo curado.

Ya no busco testigos. No me esfuerzo por parecer entera. Si sonrío, que sea real. Si estoy mal, me abrazo. Si me vuelvo a cruzar con esa persona, no necesito que note mi brillo. Pero si lo nota, que sepa que no es por él. Que nació de todo lo que sostuve sola. Que no necesito que lo entienda, ni que me lo reconozca. Ya no me busco en su mirada.

Porque el verdadero cambio no es el que se ve desde afuera, sino el que se siente cuando te das cuenta de que estás avanzando, aunque nadie lo aplauda. Que tu paz ya no depende de ser notada. Que tu brillo no necesita permiso. Que tu historia vale incluso si nadie la celebra.

Y si alguna vez vuelves a sentir eso —esa mezcla de querer sanar y al mismo tiempo querer que alguien lo note—, no te juzgues. No estás fallando. Estás sintiendo, estás sanando, estás viviendo…Y eso, aunque nadie más lo vea, ya es valiente.

Aunque también había algo que me costaba mucho reconocer en voz alta: esa contradicción que sentía por dentro. Esa sensación confusa que llevaba en silencio mientras por fuera intentaba mostrar que todo iba bien. Esa parte que nadie veía cuando me arreglaba, cuando hablaba con seguridad o cuando parecía estar completamente entera. Porque sí, muchas veces me mostraba así…fuerte, tranquila, en paz. Pero por dentro, sabía que no era tan sencillo.

Y no era que estuviese fingiendo. De verdad había partes de mí que estaban sanando. Lo notaba en mis decisiones, en cómo volvía a mirarme con más honestidad, en esos días donde podía respirar sin ese peso en el pecho. Pero también había días donde todo se nublaba. Días en los que sentía que no había avanzado nada. En los que por mucho que lo intentara, no conseguía sostener esa imagen de estabilidad que me había esforzado tanto en construir.

Y en esos momentos, sentía que fallaba. Que no lo estaba haciendo bien. Me decía: «*¿Cómo puede ser que esto todavía duela?*», «*¿Por qué otra vez este vacío, esta nostalgia?*». Y esa voz interior no solo dolía… también juzgaba. Como si no pudiera permitirme recaer. Como si cada paso atrás borrara todo lo caminado. Como si, por verme bien por fuera, ya no tuviera derecho a estar mal por dentro.

Era una contradicción constante.

Iba a quedar con mis amigos y actuaba con naturalidad, aunque por dentro sintiera que me estaba cayendo a trozos. Me levantaba con energía, cumplía con mis responsabilidades, intentaba seguir... y, de pronto, algo mínimo me desestabilizaba. Una canción, una frase, una imagen cualquiera. Y otra vez surgía la duda: «¿Y si no estoy tan bien como pensaba?», «¿Y si solo estoy tirando con una máscara de fortaleza?».

Pero no, no era una farsa, no era un engaño. Era mi forma de seguir adelante, de resistir. De demostrarme que sí, que podía con esto... aunque dentro de mí todavía hubiese heridas abiertas.

Aun así... dolía.

Dolía sentirme dividida. Como si dentro convivieran dos versiones de mí: una que quería creer que ya lo había superado, y otra que aún necesitaba espacio para llorar.

Y esa mezcla agotaba. Porque parecía que no encajaba en ningún sitio. Ni completamente bien, ni completamente mal. Como si estuviese en medio de todo, sin tener un lugar claro. Y me costaba explicarlo sin sentir que decepcionaba. A los demás... o a mí misma. Como si por no ser constante en mi proceso, estuviese fallando.

Hasta que un día decidí dejar de pelearme con esa parte. Entendí que no tenía que escoger entre estar bien o estar mal. Que podía ser ambas cosas a la vez. Que una parte de mí podía estar sanando, mientras otra aún necesitaba tiempo. Que no era incoherente... era humano.

Empecé a darme permiso para tener días bajos, para no sonreír si no lo sentía, para callar si no tenía fuerzas para explicar, para llorar, incluso después de haber dicho que estaba mejor... Para no tener que demostrar nada a nadie.

Y eso me liberó. Porque me di cuenta de que sanar no es estar bien todo el tiempo. Sanar es reconocer cuándo algo todavía duele, sin quedarte ahí para siempre. Es caer y saber que vas a levantarte. Es permitirte sentir sin sentirte culpable.

Es respetar cada parte del proceso, incluso las más incómodas, las más silenciosas, o las que no se enseñan tanto...

Hoy ya no me castigo cuando me descubro en esa contradicción. La entiendo y la abrazo. Porque sé que forma parte de reconstruirme. Porque aprendí que incluso cuando me siento dividida, sigo entera. Que puedo tener momentos de duda, de nostalgia, de debilidad... y, aun así, seguir avanzando.

Y si tú también te has sentido así —confundido, a medias, entre la calma y el desorden— quiero que sepas que no estás solo. Que no es un error, que no es debilidad. Es parte de sanar. Y no, no estás estancado: estás sintiendo, y tampoco estás retrocediendo: estás comprendiendo. Y en ese espacio también hay evolución.

Y es cierto que duele al principio, porque te das cuenta de que estuviste esperando eso mismo... pero de la persona equivocada.

Te habías quedado enganchado ahí: en ese deseo de que justo quien te soltó, volviera a verte. Que entendiera todo lo que habías tenido que cargar después de su ausencia. Que notara tu luz, esa que empezó a brillar no por despecho, sino porque te reconstruiste con tus propias manos. Esperabas ese reconocimiento como si fuera la última pieza del rompecabezas. Pero no lo era, y nunca lo fue.

Pero un día, casi sin darte cuenta, te cansaste de esperar. No porque dejaras de sentir, sino porque entendiste que estabas sujetando una puerta que ya nadie iba a cruzar. Y en ese soltar, algo se acomodó adentro. Te diste cuenta de que estabas buscando en otro algo que solo podías darte tú. Y soltaste. No con rencor, sino con verdad. Y entonces ahí justo ahí, llegó la paz.

No fue una fiesta, ni un gran acontecimiento. Fue más bien un suspiro. Una mañana en la que respiraste diferente. Una conversación que ya no dolía. Una canción que te hacía sonreír sin remover. Una versión de ti que no necesitaba ser demostrada, solo vivida.

Empezaste a verte tú. Sin adornos, sin máscaras. A mirar tus avances desde el orgullo genuino, no desde la comparación. A celebrarte, aunque nadie más supiera cuántas veces estuviste a punto de rendirte. Porque sabías que habías seguido. Que aún con el corazón en proceso, tu alma no se rindió. Y eso... ya era motivo suficiente para reconocerte.

De repente, también llegaron personas nuevas. O algunas que siempre estuvieron, pero que ahora sabías ver distinto. Y aunque no dijeran nada, aunque solo te miraran, algo se sentía distinto. Te veían sin exigirte. Te acompañaban sin empujarte. Y ahí, justo ahí, apareció otro tipo de validación. No esa que se mendiga. Sino la que se honra.

Porque el reconocimiento que importa no es el que se exige ni el que se busca afuera. Es el que te deja en paz, el que no necesita testigos, y el que viene cuando por fin dejas de correr tras lo que nunca fue tuyo.

Hoy, reconocerte ya no es una urgencia, es un regalo. Es mirarte al espejo y sentir orgullo a ti mismo. No porque todo esté perfecto, sino porque ya no necesitas disfrazar lo que todavía duele. Porque aprendiste a vivir con tus luces y tus sombras sin esconderte. Y ese tipo de reconocimiento, el que nace desde dentro, es el único que de verdad permanece.

Soltar no siempre es una decisión inmediata. A veces es algo que se cocina lentamente, en silencio, como si una parte de ti ya supiera que es momento de cerrar, pero otra se resiste... porque aún hay algo que espera. A mí me pasó así. No era apego disfrazado de amor, tampoco dependencia emocional como muchos suelen etiquetar con ligereza.

Y no era fácil de soltar, porque cuando alguien ha tenido un lugar tan profundo en tu corazón, la ausencia pesa distinto. No es solo la falta del otro, es la falta de lo que pudo ser. Del reconocimiento que deseabas, de la comprensión que nunca llegó, de los «te veo» que tanto necesitabas. Por eso, incluso cuando sabía que soltar era lo sano, lo correcto, lo que me haría bien... me costaba. Porque soltar también era renunciar a esa última chispa de ilusión.

A veces, por mucho que duela, debemos soltar aquello que no nos hace bien y solo nos destruye. Sé que duele. Sé lo difícil que es soltar algo que alguna vez fue importante. Pero cuando algo no es para nosotros, se debe soltar. Y después de eso, créeme, vendrán cosas mejores.

Soltar no me hizo menos humana, no me hizo insensible, no me volvió fría. Me hizo libre y me dio paz. Esa paz que no grita, pero qué se siente en el pecho como un suspiro profundo. Esa claridad mental que no elimina el pasado, pero te permite caminar sin cargarlo todo el tiempo.

También, a veces, siento que dentro de mí hay cuerdas invisibles que me atan a algo que ya no me hace bien, pero que al final, consigo desatar. No es solo una persona, sino un nudo de recuerdos, emociones y expectativas que se enredan y me impiden avanzar con libertad. Es como si llevara un peso silencioso que no se ve, pero que se siente en cada respiración.

Sé que aferrarme a eso solo me lastima. Sin embargo, no es fácil dejar ir lo que en algún momento fue un refugio, una esperanza, o simplemente un pedazo de mi historia que todavía duele. Hay una lucha interna constante entre el deseo de seguir sosteniendo algo que me da seguridad y la necesidad profunda de liberarme para poder crecer.

Esa presencia que a veces se cuela en mis pensamientos, esa sombra que insiste en quedarse no define quién soy ni mi valor. Es solo un eco del pasado que, poco a poco, pierde fuerza, mientras avanzo hacia mi verdad.

Aunque duela, aprendo a soltar para encontrar la paz que mi ser necesita. Para que mi vida no esté marcada por aquello que ya no suma, sino por lo que me hace brillar con autenticidad. Y aunque a veces ciertas sombras intenten atarme, sé que al final consigo desatar cada nudo que me retiene, para caminar con la fuerza y claridad que solo yo puedo encontrar.

También quiero decir que sigo aprendiendo a soltar sin miedo, a sanar sin condiciones, y a amarme sin excusas. Y eso, aunque invisible para algunos, es el brillo más auténtico que puedo ofrecer al mundo.

Hoy sé que ya no deseo que vuelva, no por rencor, no por orgullo, sino porque entendí que no todo lo que uno quiere es lo que necesita. Y porque aprendí a quererme más que a esa idea que me tenía atrapada. Soltar no fue el final, fue el principio de algo nuevo: de una vida en la que no tengo que esperar a que nadie me vea para brillar. De un camino donde lo que llega lo hace por elección mutua, no por necesidad.

Y si tú estás en ese punto, donde aún duele, pero ya sabes que no puedes seguir esperando... quiero decirte esto: no estás fallando por soltar. No estás renunciando al amor, estás eligiendo tu paz. Y eso, aunque duela al principio, será siempre la forma más auténtica de amor propio.

También quiero dedicar unas palabras a quienes han vivido un amor imposible:

A quienes alguna vez compartieron una conexión profunda, sincera y mutua, pero aun así comprendieron que no todo lo que se siente intensamente está destinado a quedarse.

Hay historias que no se apagan por falta de amor, sino porque el momento no era el adecuado, porque las circunstancias eran más fuertes que las intenciones, o porque, simplemente, la vida no tejió los caminos para que pudieran encontrarse del todo.

Un amor imposible no siempre es una fantasía irreal; a veces, es real, tangible, y duele justo por eso. Porque existió y se sintió esa conexión. Porque en algún instante fue hogar, incluso sin nombre, sin etiquetas.

Es ese amor que no necesita dramatismo, sino honestidad. Ese en el que dos personas saben lo que sienten, pero también saben que no es suficiente, no por cobardía, ni por falta de entrega, sino porque la realidad les marca límites que el corazón no puede romper.

Y eso no convierte a quien ama en alguien débil o dependiente. Al contrario. Reconocer lo vivido y, aun así, elegir seguir sin forzar, sin retener, sin arrastrarse... es uno de los actos más grandes de dignidad emocional.

Porque soltar no siempre es una derrota; a veces es la mayor muestra de respeto, hacia uno mismo y hacia lo que se compartió.

¿Alguna vez te pasó?

Sentir que lo que había era real, pero saber con toda el alma que no podía ser. Que no importa cuánto lo deseases, no iba a ocurrir. Que no había espacio, ni tiempo, ni condiciones. Y entonces tocó hacer lo más maduro: dejarlo ir, sin odio, sin reproches, sin rencores y sin esperar nada más.

Porque no todo amor necesita quedarse para haber sido valioso. Hay amores que llegan solo para tocar una parte de ti que estaba dormida, para abrirte una herida que también te muestra todo lo que eres capaz de sentir.

Y aunque no florezcan, te transforman.

Y aunque no terminen como soñaste, te dejan más despierto. Y aunque duelan, no te rompen... si sabes elegirte.

Eso también es amor. Amor hacia ti.

«Hay amores que se sienten eternos, pero no tienen lugar en esta vida».

21

El arte de florecer sola

Ya no me marchito, porque aprendí a florecer sola

Florecer solo no es simplemente un estado físico ni un aislamiento voluntario; es un compromiso profundo con uno mismo, una promesa silenciosa que nace desde el corazón y se sostiene día a día. No se trata de una soledad impuesta, ni de una renuncia al amor o al apoyo de los demás, sino de un aprendizaje vital: descubrir que la fuerza para crecer, sanar y brillar está dentro, sin necesidad de que nadie más la provea.

En mi caso, durante mucho tiempo pensé que necesitaba que alguien regara mi jardín, cuidara mis raíces, que me diera el agua que alimentara mis flores. Esperaba reconocimiento, cariño y presencia como si fueran el único camino hacia el bienestar. Pero esa dependencia me volvía frágil, me ataba a expectativas ajenas y frenaba mi verdadero crecimiento.

Y no soy la única. Muchas personas viven con esa misma sensación: el deseo de ser sostenidas por algo externo, de ser vistas, valoradas o acompañadas para poder avanzar. Pero llega un punto —quizá el más valiente de todos— en el que se entiende que florecer no puede depender de manos ajenas.

Aprender a soltar ese anhelo fue, para mí, un proceso lento y lleno de resistencia. Porque soltar no es solo dejar ir algo o a alguien; es también confrontar el miedo a la pérdida, a la soledad y al abandono. Soltar no fue solo una palabra: fue un acto de valentía diario. Cada mañana me enfrenté al desafío de soltar heridas que aún dolían, voces internas que me hacían dudar, recuerdos que me encadenaban a un pasado que ya no me servía.

Y así es para cualquiera que elija florecer desde dentro. Hay días en que el corazón se resiste, en que el pensamiento insiste en volver atrás. Pero poco a poco, con paciencia y cuidado propio, se aprende que soltar es la llave para respirar, para ser libre, para encontrar una paz que no depende de nadie más.

Este camino consta de varios tropiezos y quienes deciden florecer en soledad —no como renuncia, sino como elección— saben que habrá retrocesos, momentos de tristeza y dudas profundas. Pero la promesa que uno hace debe ser más fuerte que esas sombras: no permitir que nadie más tenga el poder de marchitar la propia esencia. No depender del cuidado ajeno para florecer.

Cada jardín crece a su manera, con su ritmo, con pausas y tormentas, pero siempre hacia la luz. Esa promesa, la de sostenerse a pesar de todo, se convierte en una bandera silenciosa que no necesita explicaciones. Porque nadie necesita que otro riegue su alma para que sus flores se abran. Uno mismo puede convertirse en su fuente, en su lluvia, en su sol.

Florecer solo es un acto de amor propio que trasciende la autosuficiencia: es reconocer el propio valor, la capacidad y el derecho a brillar sin permiso, sin condiciones, sin ataduras. Y, aunque a veces la sequía parezca interminable, las raíces que uno ha cuidado con sus propias manos son fuertes. Tarde o temprano, el jardín vuelve a brotar. Y lo hace con la fuerza serena de quien, a pesar de todo, ha decidido elegirse.

Durante mucho tiempo, la palabra «soledad» tuvo un peso oscuro. Sonaba a vacío, a abandono, a quedarse sin nadie. En muchos contextos, nos enseñaron a temerla, a verla como una señal de fracaso o de carencia. Se la confundió con el aislamiento, con el rechazo o con la tristeza. Pero hay otro tipo de soledad. Una que no duele, sino que acompaña. Una que no resta, sino que suma. Una que, en lugar de marchitarte, te riega por dentro.

Cuando uno aprende a habitar su propia compañía sin angustia, sin lucha, sin necesidad de llenar huecos con ruido, ocurre algo poderoso. El silencio deja de dar miedo. Empieza a hablarte. Se convierte en un refugio, en un espacio de escucha profunda, donde por fin puedes oírte sin filtros, sin máscaras, sin la presión de encajar. No hay que hacer nada para merecer ese espacio. Solo estar. Y en ese estar, empieza la magia: empiezas a verte.

Yo lo descubrí en un momento en el que no me quedó otra opción. Cuando todo se cayó afuera, cuando el eco de las ausencias pesaba más que cualquier palabra, tuve que aprender a estar conmigo misma. Y aunque al principio me dolía el pecho de tanta compañía no buscada, poco a poco, algo dentro empezó a germinar. Era una semilla de amor propio, de conexión verdadera, de calma. Me di cuenta de que podía desayunar sin revisar si alguien me había escrito. Que podía caminar por la calle sin pensar en quién me miraba o no. Que podía llorar sin esconderme. Que la vida seguía, incluso cuando nadie me estaba viendo.

Esa soledad ya no me hablaba de abandono, sino de vuelta a casa. Y es que hay una diferencia inmensa entre estar solo y sentirse solo. Lo segundo vacía; lo primero puede nutrirte si sabes cómo habitarlo.

Hay días en los que me acompaña el sol que entra por la ventana, una canción que me abraza por dentro o la calma de saber que no tengo que explicarle nada a nadie. Hay tardes en las que el silencio me cuenta verdades que no me atreví a ver cuando el ruido de afuera era constante. Y noches en las que descubro que mi cama no está vacía, porque estoy yo, entera, abrazándome con todo lo que soy.

Y esto no solo me pasó a mí. He conocido personas que, tras una ruptura, tras una pérdida, un cambio radical... redescubrieron el arte de estar a solas. Que empezaron a salir a caminar sin esperar compañía, a ir al cine sin sentirse raros, a reírse sin pensar en si alguien más entendía el chiste. Descubrieron pasiones nuevas, escucharon sus necesidades más profundas, aprendieron a cuidarse sin condiciones.

Porque cuando dejas de ver la soledad como castigo, se convierte en medicina. Y no una que actúe rápido, no. Es de esas lentas, que se filtra en el alma y empieza a coser lo que parecía roto. La soledad bien vivida no te rompe: te muestra, te limpia, te ordena, te recuerda quién eras antes de querer gustar tanto, antes de dejar partes de ti para que alguien se quedara.

Y es que estar solo no es sinónimo de estar incompleto. Es, muchas veces, el punto de partida para volverte más tú. No necesitas una pareja, un grupo o a alguien para sentirte vivo. A veces basta con escucharte respirar, con mirarte al espejo y no esconder la mirada, con saber que, aunque no haya nadie alrededor, tú sigues ahí. Esa es la soledad que nutre, la que no duele... la que te devuelve a ti.

Cuidarse por dentro no siempre se siente grandioso. A veces es silencioso, casi invisible. No es ese tipo de logro que se aplaude en voz alta, pero sí uno que sostiene cuando todo alrededor parece tambalearse. Cultivar el jardín interno implica reconocer que el bienestar no se encuentra solo en lo externo, sino en lo que sembramos y cuidamos dentro de nosotros. Y eso, aunque parezca simple, es profundamente transformador.

Durante mucho tiempo busqué fuera lo que solo yo podía ofrecerme. Me aferré a la idea de que el amor debía llegar de alguien, que la validación tenía que venir de otra mirada, que el consuelo debía caer como un regalo desde fuera. Pero entender que el cuidado empieza por uno mismo fue un antes y un después. No fue un clic mágico, sino una serie de pequeñas decisiones diarias, de gestos silenciosos, de momentos íntimos donde me dije: *«Me tengo»*.

Cultivar tu jardín desde dentro es aprender a prestarte atención sin juzgarte. Es permitirte descansar cuando lo necesitas sin sentir culpa. Es hacerte preguntas reales como: *¿qué necesito hoy?, ¿qué me duele todavía?, ¿qué parte de mí estoy dejando atrás por complacer?* Y luego, en la medida en que puedas, responderte con amor. Porque el cuidado no es solo tener rutinas saludables o hablarse bonito frente al espejo (aunque eso también suma), sino, sobre todo, aprender a estar contigo sin miedo.

Habrá días en los que cuidarse significa salir a caminar para despejar la mente. Otros, quedarse en casa y poner límites. A veces es escribir todo lo que pesa, aunque nadie lo lea. Otras, simplemente dejar de exigirse tanto y permitirse no saber. Son actos pequeños, pero constantes, que dicen *«estoy aquí para mí»* incluso cuando el mundo parece girar sin pausa.

Y no se trata de hacerlo perfecto, nadie lo hace. Habrá días en los que se te olvidará regarte. Días en los que te dolerá todo y no sabrás cómo cuidarte. Pero si has empezado ese camino, si al menos una vez te has sostenido a ti mismo sin esperar a que lo hiciera otro, ya sabes por dónde volver. Porque cuando una persona aprende a ser su propia raíz, su propia lluvia y su propio refugio, el jardín empieza a crecer sin depender del clima.

No necesitas demostrarle a nadie que estás bien. Solo necesitas estar contigo, realmente contigo, escucharte. Creer en ti incluso cuando estés roto. Y entender que el autocuidado no siempre se ve como luz; a veces se ve como pausa, como recogimiento, como decir *«hoy no puedo con todo... y está bien»*.

Así empieza a florecer el jardín. No desde la perfección, sino desde el compromiso diario de no abandonarte nunca más.

A veces cuesta entender que todo lo valioso lleva tiempo. Que no florece todo cuando queremos, ni cuando sentimos que ya lo merecemos, ni siquiera cuando más lo necesitamos. Hay etapas en las que parece que nada avanza, que todo está detenido, que por más que te esfuerces no ves frutos. Y ahí, justo ahí, es donde más fuerza se necesita: en el tiempo en que no pasa nada, pero estás haciendo todo.

Porque crecer también es soportar los silencios, los vacíos y las pausas sin desesperarte. También es confiar en tu proceso cuando no hay aplausos, ni certezas, ni cambios visibles. La resiliencia no siempre tiene forma de conquista; muchas veces se parece más a resistir en paz, a quedarte contigo, aunque nada esté floreciendo aún.

He aprendido que no todo es inmediato. Que no todas las heridas se cierran en cuanto lo decides. Que no todos los comienzos tienen un final feliz a la vuelta de la esquina. Pero eso no significa que no estés avanzando. Significa que estás en la tierra. Y en la tierra también se está creciendo.

Por eso, aunque no lo notes aún, aunque estés en plena tormenta o parezca que no hay sol a la vista, hay algo en ti que sigue latiendo. Algo que se sigue abriendo paso, aunque sea lento, aunque duela y aunque no entiendas.

Y entonces lo recuerdas:

Mi jardín de flores no crece para impresionar a nadie, ni con prisa. Crece a su manera. Con pausas, con tormentas... pero siempre hacia la luz.

A veces pasamos tanto tiempo adaptándonos, sobreviviendo, complaciendo, intentando no fallar o no molestar... que dejamos de escucharnos. La esencia no desaparece, pero puede quedar escondida bajo todo lo que hemos creído que teníamos que ser. Y un día, después de tanto ruido externo, el silencio de estar a solas con uno mismo se convierte en la única forma de volver a casa.

Reconectar con la propia esencia no es regresar a lo que éramos antes de rompernos. Es descubrir quiénes somos después de haber sobrevivido. Es ver con otros ojos, desde otra altura, lo que llevamos dentro. Hay partes de nosotros que solo despiertan después de atravesar ciertas tormentas. Partes que no conocíamos, que estaban dormidas... y que se revelan cuando dejamos de buscar afuera lo que solo puede florecer dentro.

Muchas veces, esa desconexión nace de lo más común: intentar encajar en lugares donde no nos ven, amoldarnos a vínculos que nos piden menos brillo, compararnos con lo que otros ya son o tienen, vivir con el miedo constante a decepcionar o no ser suficiente. Poco a poco, sin darnos cuenta, dejamos de elegirnos.

Pero el florecer en soledad trae consigo una verdad inevitable: sin distracciones, sin máscaras, sin validaciones externas... solo queda lo que eres. Y ahí empieza el reencuentro. Al principio puede dar vértigo. Volver a ti no siempre es cómodo. A veces cuesta reconocerse sin todo aquello que antes definía tu valor. Pero después, poco a poco, empieza a emerger algo más fuerte, más claro, más verdadero.

Te das cuenta de que no necesitas ser perfecto, ni estar siempre bien, ni cumplir con las expectativas de nadie. Que puedes abrazar tus contradicciones, tus sombras y tu historia... y, en medio de ese abrazo, algo se reordena. Se siente como volver a respirar con profundidad, como recuperar tu propia voz después de haber hablado en idiomas ajenos durante tanto tiempo.

Reconectar con tu esencia es permitirte ser sin pedir permiso. Es no tener miedo de brillar, aunque eso incomode. Es dejar de esconderte detrás de lo que fuiste y empezar a caminar con la frente alta por lo que estás siendo.

Y sí... a veces es más satisfactorio, y motivo de más orgullo que cualquier otra meta, ver que vas avanzando y notar cómo, poco a poco, reaparece tu brillo interior.

Florecer no es un privilegio reservado para los días de sol. También se florece en medio de la escasez, cuando parece que nada crece, cuando te sientes solo, exhausto o incompleto. Hay etapas en las que no hay agua, ni refugio, ni compañía que alivie... y, sin embargo, algo en ti sigue empujando hacia arriba. Aunque sea lento, aunque nadie lo vea.

No hace falta que todo esté bien para que algo dentro de ti empiece a transformarse. A veces, el verdadero florecimiento llega cuando sobrevives a tus propias tormentas, cuando atraviesas la sequía con el alma agrietada y, aun así, eliges no rendirte.

Hay quienes florecen rodeados de cariño y hay quienes florecen a pesar de su ausencia. He aprendido que no todo el mundo va a quedarse para cuidarte, que muchas veces tendrás que ser tú quien se convierta en raíz, tallo, pétalo y lluvia. No porque lo elijas desde la soberbia, sino porque la vida te pone frente a ti mismo y te pregunta: «*¿Y ahora qué harás con esto?*».

Cada uno tiene su propio ritmo. Hay quienes florecen en primavera, con mariposas alrededor y colores que lo inundan todo. Y hay quienes florecen en invierno, en silencio, entre capas de frío, en tierra dura y sin aplausos. Ninguno vale más que el otro. Ambos son poderosos, porque ambos implican resistencia, entrega y voluntad.

Yo florecí muchas veces sin saber que lo estaba haciendo. Sin notarlo, sin nombrarlo, sin celebrarlo. Pero cada gesto, cada paso pequeño, cada pensamiento que elegí no creer cuando me hería, también fue semilla.

Por eso, si estás en un momento seco, en uno de esos días donde no hay sombra ni brisa ni nada que alivie, no creas que no estás creciendo. A veces, *la flor más fuerte es la que brota justo después de la sequía más larga*.

Florecer no es una carrera ni una obligación. Es un viaje único y personal que solo tú puedes recorrer a tu manera, con tus tiempos, tus caídas y tus levantadas. No hay prisa ni comparación posible. Cada pétalo que abres, cada raíz que fortaleces es un triunfo silencioso que merece ser celebrado.

Porque ya no te marchitas por quien no supo cuidarte. Ya no dependes del agua ajena para crecer. Has aprendido que la fuente más poderosa de vida está dentro de ti, que tú eres tu propia lluvia, tu propio sol, tu propio refugio.

En este camino has descubierto partes de ti que dormían y que ahora despiertan con fuerza. Has atravesado tormentas y sequías y, sin embargo, sigues aquí, floreciendo. Y eso, sin duda, es motivo de orgullo y amor profundo hacia ti mismo.

Recuerda siempre que el verdadero amor, ese que sana y sostiene, está primero y sobre todo dentro de ti. Eres tú quien debe ser el salvavidas cuando sientas que te ahogas en ese mar sin fondo. Nadie más puede hacer ese viaje por ti ni ser ese refugio esencial, aunque sí habrá personas que te acompañen, que te apoyen y que te orienten.

Pero el paso decisivo, el camino que te llevará a florecer de verdad, es tuyo y solo tuyo. Los demás pueden ofrecerte luz en la oscuridad, pero la fuerza para caminar, para sanar y para levantarte nace de ti. Reconocer esto es el acto más grande de amor propio que puedes hacer por ti. Así que celebra tu florecer, a tu ritmo y sin excusas. Porque mereces brillar con toda la intensidad de tu luz, libre, fuerte y auténtico.

22

El futuro que merezco

El brillo de mis alas… la huella de toda mi historia

Si has llegado hasta aquí no es solo porque has sobrevivido a todo lo que te rompió… Es porque has aprendido a reconstruirte desde dentro, pieza a pieza, hasta volver a brillar. Porque has dejado de esperar que otros te devuelvan lo que te faltó y, en cambio, te lo has regalado tú.

Porque supiste volver a ti, sin rencores, sin rabia, sin miedo. Este punto del camino no es un final: es una cima desde la que, por fin, puedes mirar hacia atrás sin temblar. Y darte cuenta de algo: que todo lo que viviste —aunque doliera, aunque no lo entendieras en su momento— tenía un propósito.

No se trata de romantizar el dolor ni de negar lo injusto. Se trata de poder decir: «*Esto me transformó, me moldeó, me enseñó a elegir*». Y ese aprendizaje, aunque haya costado lágrimas, vale demasiado. *El pasado ya no necesita ocupar el centro.*

Puede quedarse donde pertenece: como una parte de ti que honras, pero que ya no define tus pasos. Porque cuando trabajas en ti de verdad —cuando te eliges, te sostienes, te hablas con amor— llega un momento en el que lo ves todo con claridad:

Quién eras, quién fingiste ser, quién ya no quieres volver a ser… y, sobre todo, quién mereces ser a partir de ahora.

Tu historia no te encadena. Tu historia te impulsa, y hoy, por fin, eres tú quien elige las alas con las que vas a volar.

Y no eliges lo que te queda por desesperación ni por miedo a estar solo. Ya no te lanzas a cualquier puerta que se abre porque simplemente está abierta. Ahora sabes que cada puerta que decides cruzar debe sumar, debe aportar luz, no sombra.

Este camino que has recorrido, a veces duro y otras veces lleno de silencios, te ha regalado un filtro, una brújula interna que te guía hacia lo que realmente mereces.

Cuando eras más joven, o cuando aún no te reconocías por completo, quizás aceptaste caminos llenos de promesas vacías, afectos a medias, palabras que se perdían en el aire. Quizás creíste que era mejor quedarse con lo poco que llegaba a tu vida, con la migaja de cariño, que quedarte sin nada.

Pero hoy eso ha cambiado. Hoy sabes que lo que no te suma, lo que solo resta, debe quedar fuera. Porque elegir desde la conciencia es decir no a lo que apaga, para poder decir sí a lo que enciende.

Y esa decisión, aunque a veces parezca pequeña o invisible, es en realidad el acto más poderoso que tienes. Es el acto de proteger tu brillo, de cuidar el jardín que has ido sembrando con tanto esfuerzo. No es un camino fácil ni rápido, pero es tu camino. El que construyes a tu ritmo, con respeto hacia ti mismo.

En este camino de renacer, de construir nuevas alas que sostienen tu esencia más auténtica, hay algo que quiero que nunca olvides: *el verdadero amor siempre empieza dentro de ti*. No importa cuántas veces te hayan hecho dudar ni cuántas veces hayas sentido que te faltaba aire, porque en lo más profundo de tu ser hay una fuente inagotable de amor propio y fuerza.

Eres ese jardín que, aunque haya pasado por tormentas, sequías y largos inviernos grises, guarda en su interior la promesa de una nueva primavera. Aprender a nutrirte a ti mismo, a cuidar tus raíces y a valorar tu crecimiento es el acto más valiente que puedes hacer. Porque la verdadera fortaleza nace cuando te das cuenta de que tú eres tu propio refugio y tu mejor compañía.

Sé que no es fácil. Habrá momentos en los que el viento sople fuerte y las dudas parezcan más grandes que tus certezas. Pero dentro de ti hay una luz que nunca se apaga, una resiliencia que te impulsa a seguir adelante, a florecer incluso en los días más áridos.

En este proceso, también descubrirás que hay quienes llegan para caminar a tu lado, para ofrecerte apoyo y para recordarte tu valor cuando tú no puedas verlo. Sin embargo, la decisión de avanzar, de elegirte y cuidarte siempre será tuya. Esa es la libertad más hermosa y la fuerza más poderosa.

Las cicatrices y marcas que llevas no son heridas que deban avergonzarte, sino testimonios de tu valentía, huellas de las batallas que enfrentaste y superaste. Son parte de tu historia, pero no definen quién eres ni limitan lo que puedes llegar a ser. Al contrario, son la evidencia de tu capacidad para sanar, para levantarte una y otra vez y para construir un futuro lleno de luz y autenticidad.

Por eso, te invito a proteger esas nuevas alas con todo tu brillo y toda tu verdad. A escuchar tus silencios, a celebrar cada pequeño paso y a entender que el futuro que mereces se construye con cada decisión que tomas para honrarte y respetarte.

Recuerda que el acto más valiente y hermoso en esta vida es elegirte a ti, una y otra vez. Y es ese acto, sencillo pero poderoso, el que te abrirá las puertas para descubrir quién eres realmente y todo lo que puedes llegar a ser.

Así que respira hondo, siente tu corazón latir con fuerza y sigue desplegando esas alas que costó tanto reconstruir.

Y ahora sí… hemos llegado al final.

A este último tramo de un viaje que fue, más que un recorrido, una transformación.

No sé en qué momento exacto tus alas empezaron a brillar de nuevo. Tal vez fue en una madrugada silenciosa en la que decidiste no volver atrás, o tal vez fue al mirarte al espejo y no reconocerte… pero tampoco querer volver a ser el de antes. O quizá, simplemente, fue ese pequeño gesto cotidiano, casi invisible, con el que elegiste cuidarte un poco más.

Lo que sí sé es que, si has llegado hasta aquí, es porque has sentido cada palabra no solo como una lectura, sino como un espejo. Porque este libro no lo has leído solo con los ojos, lo has recorrido con el alma. Y por eso quiero dejarte con algo que me nace desde lo más profundo:

Quiero daros la enhorabuena a todos los que, en algún momento, decidieron cambiar por sí mismos y no por los demás. A quienes se eligieron desde su verdad más profunda.

Y quiero deciros, por si nunca os lo dijeron o quizá os lo dijeron muy poco, **que estoy muy orgullosa de cada uno de vosotros.**

Soy una chica como vosotros, con mucho camino por recorrer y muchas cosas por aprender. Pero aquí os dejo **toda mi verdad**, todo lo que he ido descubriendo con el tiempo, y quizá ahora algunas cosas os parezcan extrañas o no las entendáis del todo.

Sin embargo, estoy segura de que algún día —al menos la mayoría— las comprenderéis. Porque hay verdades que solo se entienden cuando una está lista para verlas.

Este es mi regalo: mi verdad, lo que nunca me atreví a contarle a nadie.

Y si algo de todo esto ha resonado en ti, si alguna palabra logró abrazarte, entonces estas alas que construí no solo fueron para mí. También fueron para ti.

Ojalá mi libro, esta aventura entera, te haya ayudado un poco a abrir los ojos, a orientarte, aunque sea un paso más, a mirarte con más amor y reconocer tu propio valor.

Ojalá cada palabra o frase te haya abrazado justo donde más te dolía, porque esa fue mi verdadera intención desde el principio...

Y esta es mi última verdad, la que no dije antes en ningún lugar y que hoy quiero dejar escrita solo para él: «Tú y yo tomamos caminos distintos al separarnos. Tú elegiste estar con alguien más al poco tiempo, buscando tu manera de ser feliz, y yo elegí la mía: quedarme sola, atravesar el fuego sin parches ni amores de por medio. No te guardo rencor, de verdad. Al contrario, te doy las gracias por cada instante de felicidad que compartimos y por haberme hecho feliz a tu manera.

Si alguna vez lees esto, quiero que sepas que a veces recuerdo lo que un día fuimos, pero entendí que lo nuestro tenía que terminar así: tú por tu camino y yo por el mío. De corazón deseo que te vaya bien, que encuentres lo que buscas y que seas plenamente feliz.

Y aunque la vida nos haya separado, sé que aquella "pequeña", como siempre me llamabas, salió adelante. Esa pequeña aprendió a sostenerse sola, a mirarse de frente y a volar con las alas que un día creyó rotas…Y sé que la vida a veces es un poco impredecible y que algún día quizá nos crucemos de nuevo, pero esta vez, esta historia es mía».

Y para ti, lector, recuerda que este siempre será tu refugio, incluso en esos días donde nadie te ve y te sientes invisible. Aquí siempre tendrás un hogar, una zona de confort y un recorrido que costó lo suyo…Así que, si necesitas volver aquí, no pasa nada, hazlo las veces que te sea necesario.

Y, por favor, no vuelvas a ese sitio que te lastimó tanto.

No porque seas débil, sino porque ahora ya sabes cuánto vales. Y porque cuando una ha aprendido a volar, ya no encaja en las jaulas donde una vez se sintió rota.

Y ojalá…

cada vez que veas una **mariposa** volar, te recuerdes a ti mismo en ella: *en lo que un día fuiste, en todo lo que atravesaste y en lo que eres ahora.*

Y si alguna vez te cruzas con una…
acuérdate también de mí y de este libro.

Gracias por volar conmigo, pequeña mariposa…

EPÍLOGO

Carta a mi pequeña yo

Mi pequeña yo...

Quiero hacer un homenaje a mi pequeña yo, a esa niña que estuvo cegada por un amor que nunca fue suyo, un amor que no le correspondía, pero que, a pesar de todo, se hacía daño, se entregaba y daba todo sin medir el daño. Esa niña que, sin saberlo, perdió de vista lo más importante: su propio valor, su amor propio y los momentos en los que solo ella misma conocía el peso del silencio y la tristeza.

Es verdad que te dejé atrás en el camino. Dejé atrás la urgencia de cuidarte, de protegerte y de amarte con la ternura que merecías. Fue duro, doloroso, y hubo días en los que parecía imposible seguir. Pero tú, pequeña yo, con toda tu fuerza callada y tu valentía silenciosa, lograste salir de ahí y transformarte.

Estoy profundamente orgullosa de ti y de todo lo que has recorrido: de cada caída y cada levantada, de cada lágrima que derramaste en la oscuridad y de cada rayo de luz que supiste encontrar entre las sombras. Lo más hermoso de todo es que aprendiste a amar no solo el resultado final, sino también cada etapa del camino:

las heridas, los aprendizajes, los cambios y las cicatrices que hoy te adornan y te hacen brillar.

Quiero agradecerte con el corazón en la mano por aquella noche —esa noche decisiva— en la que dijiste «basta». Fue la noche en la que rompiste cadenas invisibles, la noche en la que empezaste a elegirte a ti misma, a reclamar tu libertad y tu dignidad. Gracias por no rendirte, por no dejarte atrás ni una sola vez, por elegirte una y mil veces, aunque el mundo pareciera no comprenderte.

Estas palabras son un pequeño tributo a todo lo que tú sola sabes, a toda esa lucha interna que nadie vio, a esa fortaleza secreta que te llevó a salir del lugar donde estabas atrapada. Gracias por volar, por desplegar tus alas heridas y mostrarle al mundo la luz que siempre llevaste dentro.

Pequeña yo, este es tu honor y mi eterno agradecimiento. Que nunca olvides que el amor más poderoso siempre estuvo contigo, y que esa niña valiente fue la semilla de la mujer que soy hoy. Gracias por no rendirte,

Vero

★★★★★

Y a ti, que ahora estás leyendo esto, te pregunto: *¿qué le dirías a tu yo de antes o qué le dirías a tu yo de ahora para en un futuro leerlo?*

¿Le susurrarías palabras de consuelo, de aliento, de amor? ¿Le recordarías que no está solo, que merece lo mejor y que todo lo que vivió lo hizo más fuerte?

Te invito a que, en silencio, le respondas a ese niño con la ternura y la sabiduría que solo el tiempo puede regalar. Porque al final, ese diálogo es el puente que conecta nuestro pasado con el presente y nos prepara para el futuro que merecemos...